☩ BASILIDÈS,

ÉVÊQUE GREC DE CARYSTOS EN EUBÉE,

SECONDE LETTRE.

IMPRIMERIE DE J. TASTU,

RUE DE VAUGIRARD, N. 36

☩ BASILIDÈS,

EVÊQUE GREC DE CARYSTOS EN EUBÉE,

SECONDE LETTRE,

ADRESSÉE A SON DROGMAN DE MARSEILLE, EN FÉVRIER 1828,

Traduite du Grec moderne par ledit Drogman,

SUR LE TRIOMPHE INDESTRUCTIBLE DE L'ULTRAMONTANISME EN FRANCE, PAR LA PUISSANCE DU SEIGNEUR D'HERMOPOLIS, ET LES MANÉGES PATENS OU SECRETS DES AUTRES ÉVÊQUES *in partibus* ET CI-DEVANT *in partibus*

Hæc idola (les in partibus) ab ecclesiâ expelle .
Fac vas dignitatis episcopalis denuda

(Lettre du clergé de France, en 1656 au pape Alexandre VII, ci après, § VI.)

PARIS

AMBROISE DUPONT ET Cⁱᵉ, LIBRAIRES,

RUE VIVIENNE, N. 16.

*

1828

AVERTISSEMENT

TRADUCTEUR.

Il est des actes d'obligeance qu'on ne devrait peut-être jamais faire. Par cela seul qu'on les a faits une fois, lorsqu'ils étaient utiles, il semble à certaines personnes qu'on a contracté l'obligation d'en faire ensuite de pareils, lors même qu'ils seraient superflus. Tel est cet *avertissement du traducteur* que l'éditeur de la présente Lettre du très-révérend Basilidès exige que je mette ici, pour l'unique raison que j'en avais mis un à la tête de la précédente. Mais qu'ai-je à dire de plus, pour celle-ci, que je n'aie dit en présentant la première au public? Serait-ce de justifier le prélat grec de ce qu'il est resté près de deux ans sans en envoyer une nouvelle, et de ce qu'il ne l'a adressée qu'à son obscur et pauvre drogman? Mais lui-même s'y est complètement disculpé sur ces deux points.

Viendrai-je, averti par les chicanes de deux méchans journalistes ultramontains sur l'authenticité de la première Lettre, affirmer que la seconde est véritablement bien, ainsi que l'autre, du vénérable évêque grec de Carystos? Mon attestation ne les empêcherait pas de dire calomnieusement de celle - ci ce qu'ils ont dit de la précédente , qu'elle n'est pas de lui, et que le prélat grec est trop ignorant pour l'avoir composée. Et cependant ils conviendront, sans y songer, comme cela leur est arrivé en parlant de la première, que ce prélat est notoirement capable de produire un bel et bon ouvrage , plein d'érudition; car ils ne manqueront pas de répéter , au sujet de sa seconde Lettre, ce qu'ils ont hasardé pour décrier la première , à savoir qu'elle n'est qu'un amas de quantité de *rognures* qu'il avait cru devoir faire à un important ouvrage de sa façon.

Si ses divers paragraphes ne se composent que de rognures, il faut avouer qu'elles sont passablement bien enfilées, et qu'elles forment un tout si homogène qu'il en résulte une conclusion fâcheuse pour la cabale ultramontaine et propre à la déconcerter. Ces paragraphes, à la vérité, ne semblent, au premier coup-d'œil, que des *bâtons rompus;* mais tous ces *bâtons rompus* deviennent un faisceau très-compacte, et peut-être plus difficile à rompre que les faisceaux consulaires de l'ancienne Rome. Le fameux poëme d'Homère ne se composa pareillement, dit-on, que de ces *bâtons rompus* qu'il faisait réciter par des rapsodes sur les places publiques. Ce n'est pas que je prétende élever à cette hauteur les savantes lettres ecclésiastiques du très-révérend Basilidès; je veux seulement faire comprendre qu'avec des pierres bien choisies et bien taillées, on peut construire un bel et bon édifice. Il faut que cette manière, en quelque sorte homérique, de composer, avec des morceaux détachés en apparence, un ouvrage ingénieux autant qu'instructif, où règne l'unité, tienne essentiellement au caractère et à l'esprit de la nation grecque, puisqu'après tant de siècles, Basilidès paraît ne pouvoir s'empêcher de donner la forme d'un faisceau de *bâtons rompus* à l'ensemble de chacune de ses dissertations épistolaires.

N...o.

SOMMAIRES DES PARAGRAPHES.

I. Faux bruits en France sur la mort de Basilidès. Causes du retard de sa seconde Lettre. Révélations qu'il est pressé de faire sur l'ancien complot d'ultramontaniser la France, formé en 1800 et consommé par le seigneur d'Hermopolis, en 1824 et années suivantes. Ineptie et malice des folliculaires du jésuitisme à l'occasion de la première Lettre de Basilidès.

II. Nouvelles autorités ecclésiastiques du plus grand poids contre les *in partibus*, et leçon à celui d'entre eux qui s'est fait leur avocat. Lutte entre le vrai et le chimérique évêque de Carystos.

III. Espèces diverses d'*in partibus* : les vagabonds, les volans ou portatifs, et les confidentiaires ou *custodi nos*.

IV. Désordres épouvantables introduits dans l'Église de France par le concordat de François Ier, avec Léon X, couverts et entretenus par les *in partibus*. Des militaires, et même des femmes, évêques en titre d'au moins vingt-huit diocèses. Plaintes du clergé à ce sujet en 1579. Ces désordres se perpétuent, avec l'aide des *in partibus*, jusque vers la fin du dix-septième siècle. Pourquoi les papes toléraient cet énorme scandale.

V. Classe des *in partibus*-coadjuteurs avec future succession, c'est-à-dire héritiers présomptifs des archevêchés et évêchés, dont les possesseurs veulent faire un patrimoine à leurs familles naturelles ou adoptives.

VI. Classe des *in partibus*, simples ouvriers épiscopaux à gages, pour exercer les fonctions les plus pénibles des évêques ou archevêques effectifs et les dispenser de la résidence. Stratagème du titre d'*auxiliaires* que Rome vient d'imaginer pour ces *in partibus*, afin d'avoir plus de prétextes pour les multiplier dans ses intérêts.

VII. Les *in partibus*, si choyés et caressés par les évêques effectifs d'aujourd'hui, avaient été traités bien autrement par l'épiscopat français de 1656. Indignation et soulèvement de l'assemblée générale du clergé contre eux, à cette époque. Lettre pressante qu'elle écrivit au pape pour qu'il délivrât la France de ces scandaleuses superfétations épiscopales.

VIII. La faveur ou défaveur des *in partibus* en France fut toujours en raison du crédit croissant ou décroissant des systèmes ultramontains dans le royaume, de l'opinion du pouvoir des papes sur la couronne des rois, et de l'infailli-bilité des souverains pontifes dans leurs décisions. La mar-que la plus certaine du discrédit et de la ruine des maximes gallicanes, miroir de l'esprit primitif de l'Eglise, est la mul-tiplication et le triomphe des *in partibus*.

IX. Ruse de la faction des *in partibus* pour faire croire au Roi qu'elle est dans les principes gallicans, afin d'étendre plus à l'aise, et d'affermir en France l'empire de l'ultramon-tanisme. Supercheries employées à cet effet dans la céré-monie du sacre de Charles X, et ensuite dans la déclaration de gallicanisme que la faction fit présenter en 1826, à ce mo-narque.

X. Courage de la franchise ultramontaine de l'*in partibus*, assis, comme commis immédiat du pape, sur le siége impor-tant de la primatie des Gaules, où il est, dans les vues de la cour de Rome, le nœud qui lie les autres *in partibus* de France avec les évêques effectifs. On demande si cela peut constituer un clergé gallican?

XI. Cette question décidée d'avance, en 1656, par l'assemblée du clergé de France qui repoussa de son sein, mit à la porte les *in partibus*, et leur fit défendre par le chancelier, d'exécuter les brefs que le pape leur envoyait, comme à ses agens, pour régler les affaires de l'Eglise de France, sans les évêques effectifs.

XII. Bouleversement d'ordre et de discipline qui, en 1824,

mit un *in partibus* à la tête du clergé de France pour le composer et le régir.

XIII. Inquiétudes de Basilidès sur le titre agiologique sous lequel Rome glorifiera, après leur mort, ceux de ses plus officieux *in partibus*, auxquels elle doit et donnera certainement, en récompense, l'auréole de la béatification et même de la canonisation.

☩ BASILIDÈS,

EVÊQUE GREC DE CARYSTOS EN EUBÉE,

SECONDE LETTRE,

ADRESSÉE A SON DROGMAN DE MARSEILLE, EN FÉVRIER 1828.

───◆◆◆───

« BASILIDÈS est mort! Notre seigneur d'Hermopolis et
» ses adjudans, les autres ci-devant *in partibus*, deve-
» nus évêques effectifs en France, affermiront donc
» en paix leur ouvrage; le clergé français appartiendra
» tout entier, sans contradiction, à la cour de Rome, et
» la vieille Église gallicane est à jamais plongée dans
» le néant. » Tels sont, dites-vous, mon féal drogman,
les cris de jubilation de vos turco-loyolistes. Sans doute
ils raisonnent ainsi : « Puisque, depuis environ deux
» ans, nous n'entendons plus parler de ce Grec impor-
» tun et bavard qui vient opposer l'Évangile, les Pères
» et les conciles à un royaume où nous ne voulons
» qu'une religion de convenance et de parade, nous de-
» vons croire qu'il a péri sous le glaive des Mahomé-
» tans. Peut-être même l'auront-ils gracieusement em-
» palé, ne fût-ce que par considération pour ce prédica-
» teur *honoraire* qu'un jésuitique ministre de nos affaires

» étrangères a donné à l'ambassade française de Constan-
» tinople, ce vagabond et barbu quêteur des inertes
» gardiens du Saint-Sépulcre, que nous payons si bien
» pour aller faire des jésuites de robe courte et des con-
» gréganistes jusque sous les étendards du grand pro-
» phète de la Mecque. »

Rien de cela ne m'est arrivé; je suis encore vivant, et je ne m'offense point de ces anti-charitables conjectures. Elles ont même dû paraître assez fondées pour les Parisiens qui lisent avec tant de confiance cette *Histoire de la régénération de la Grèce* où je suis représenté comme un hardi capitaine, en même temps qu'elle me peint comme un Charles Borromée. Je suis, à l'en croire, aussi intrépide à la tête des légions grecques du Négrepont, que dans la périlleuse assistance épiscopale des pesti-férés [1].

S'il était vrai que j'eusse cette double intrépidité, il le serait bien davantage que je n'aie pas manqué de celle qu'il me fallait pour observer sans relâche ce qui se faisait dans votre clergé, que la sycophanterie igna-cienne voulait faire passer aux yeux du Roi pour aussi gallican que jadis, pendant qu'elle achevait de l'ultramon-taniser, et lorsqu'il était déjà plus ultramontain que celui de la ville de Romulus.

Cette intrépidité d'observation était au reste moins méritoire qu'on ne pourrait le penser, parce qu'elle était alimentée, soutenue, aiguillonnée sans cesse par les nou-velles que nous apportaient les barques voltigeantes de lord Cochrane, et ces colombes messagères dont je vous

[1] Page 55o du tome III, édition de 1822.

(*Note du drogman.*)

avais envoyé une assez belle couvée. J'écrivais bien
mes remarques sur chaque événement ecclésiastique de
vos contrées ; mais j'écrivais en cachette, et je ne savais
plus comment vous faire parvenir mes secrètes élucubra-
tions, au milieu des transes mortelles où nous avait
jetés l'expédition du séraskier Reschid-Pacha contre l'At-
tique, et parmi les vicissitudes alarmantes du siége
d'Athènes par les Turcs. Nous n'eûmes pas à nous ap-
plaudir, comme vous avez pu le croire, de ce qu'Omer
Berskofz, pacha du Négrepont, refusa d'agir contre l'At-
tique et retint ses janissaires dans notre île. Nous n'en
étions que plus rigoureusement surveillés par les Imans
et les Ulémas. Les janissaires, dont le sabre en serpe ren-
versée menaçait nos têtes, les auraient-ils épargnées
s'ils eussent vu repartir nos colombes, eux qui savent
trop bien, depuis vos premières croisades, quels services
elles rendent aux chrétiens? La mort à jamais déplorable
de notre illustre Kariskaki tranquillisa un peu nos op-
presseurs ; leur surveillance parut moins ombrageuse ;
mais je ne savais plus à quel nom célèbre adresser mes
nouvelles épîtres. Le comte à qui j'avais dédié la première, ne m'avait point fait de réponse, et même je
n'entendais plus parler de lui depuis qu'il avait annoncé
au public son retour dans les âpres montagnes et parmi
les cratères glacés des anciens volcans de l'Auvergne.
Serez-vous étonné si je vous dis que, cédant alors aux
inspirations de cette imagination orientale qui inventa
les gnomes comme les sylphes, les dryades comme les
naïades, je me plus à croire que le valeureux comte était
descendu jusqu'aux fins fonds de ces gouffres éteints ;
qu'il était tout occupé à les rallumer pour leur faire
lancer des torrens de feu sur les établissemens jésuitiques

de Billom, Mont-Luçon, Mont-Rouge, Saint-Acheul ; et je me dis à moi-même : « Ne le dérangeons pas. »

Dès cet instant, ma résolution fut prise de n'adresser désormais qu'à vous, mon féal drogman, tout ce que j'avais écrit et je pourrais écrire sur les actes de la coterie ultramontaine qui tyrannise la France. Mais commencerai-je mes nouveaux envois par les dissertations auxquelles je me livrai immédiatement après ma lettre du 1er juillet 1826, dans lesquelles, 1° j'ai démontré que le ci-devant *in partibus* de Samosate, puis de Trajanople, s'était déclaré, à l'insu des profanes, anti-gallican et jésuitique décidé en montant sur le siége métropolitain de Paris ; 2° que les membres non congréganistes du Tribunal de cassation avaient raison de s'indigner contre la hardiesse qu'il eut de faire porter sa croix vexillaire, signe de domination souveraine, dans une assemblée solennelle de ce haut tribunal, en novembre 1826 ?

Vous n'aurez ces dissertations que par les courriers suivans. Je suis trop impatient de vous faire observer, d'après une parfaite connaissance, les longues et habiles intrigues par lesquelles, depuis vingt-cinq ans, l'on travaille à rendre ultramontain le clergé de France ; et, vu l'état où l'a mis l'*in partibus* d'Hermopolis, que ce serait en vain que de bons esprits s'efforceraient de le ramener aux principes gallicans. Son ultramontanisme est radicalement incurable, attendu l'impossibilité légale où la nation s'est laissé plonger par tant de concordats avec Rome, de rétablir cette sage pragmatique de Charles VII qui n'était, après tout, que le droit commun de toutes les Eglises particulières aux beaux temps du christianisme. Si on n'en revient pas là, il est à craindre que les Français, tels qu'ils sont aujourd'hui, trouvant le joug de la cour de Rome trop humiliant et trop vexatoire, ne le secouent brusquement, à l'exemple des peuples jadis soulevés par Luther et ses disciples.

Le complot d'ultramontaniser la France fut conçu par les jésuites, dès les premiers mois du consulat de Bonaparte, en profitant, contre lui, du besoin qu'il croyait avoir de la cour romaine pour fonder son pouvoir nouveau sur le talisman d'un concordat avec elle. Deux prêtres français, nommés Beulé et Astier, furent envoyés à Rome par l'intrigant jésuite Clorivière; ils étaient munis d'une recommandation de M. de Pressigny, évêque de Saint-Malo, et porteurs d'une lettre du fameux abbé Bernier au pape, dans laquelle ce protée assurait à Pie VII, nouvellement élu, que l'intention du consul était de rétablir en France le culte public de la manière que le voudrait ce pontife. En même temps, les deux émissaires lui montrèrent deux petits livres par lesquels ils annonçaient qu'à la faveur du concordat demandé, les jésuites rentrés en France avec des prêtres qu'ils avaient séduits pendant leur déportation, et ligués avec ceux que le sulpicien Emery avait jésuitisés dans l'intérieur de la France, parviendraient, par le rétablissement des *confréries des SS. Cœurs de Jésus et de Marie*, à conquérir la domination de la France au profit de la cour romaine.

Ce ne fut pas assez pour elle de fouler aux pieds, dans ce concordat, les maximes gallicanes, en déliant les évêques, les prêtres et les fidèles du serment de fidélité envers les Bourbons; elle chargea, quelques années plus tard, l'un de ses plus intimes *in partibus* d'aller furtivement à Londres pour intriguer, afin de les faire entrer eux-mêmes, à leur insu, dans le complot. Le nonce Caleppi, qui s'embarquait à Lisbonne avec une mission apparente pour le Brésil , allait droit en Angleterre. On dira quelque jour en détail ses entrevues nocturnes avec l'*in partibus* de Castabala, M. Milner, vicaire apostolique pour le district de Londres , et le futur *in partibus* d'Amyclée , qui dirigeait la conscience d'un prince français trop loyal pour concevoir de la défiance. Alors tomba , comme du ciel , en Angleterre, le jésuite Clorivière qui prophétisait aux émigrés comme aux prêtres déportés , que la restauration du trône des Bourbons s'opércrait infailliblement par la puissance de saint Ignace, si l'on se dévouait à lui par des sermens et des vœux. Clorivière porta ses prophéties ou les offres de son zèle au château d'Hartwell ; et , de retour sur le continent , il faisait croire à ses confrères , écrivait même à Rome, que Louis XVIII lui avait promis la réintégration des jésuites en France , s'il remontait sur le trône de ses ancêtres.

Dans le même temps , à Paris, le jésuite Barruel, persuadant à Bonaparte qu'en publiant son livre insidieux des *Droits du Pape* dans ce que le pape venait de faire pour lui plaire , propageait les doctrines de l'ultramontanisme le plus effronté. Il trahissait tout à la fois la cause de la légitimité et celle de l'usurpation , pour un avenir dans le secret duquel était le perfide écrivain. Le personnage que j'avais vu garde-magasin des souliers et bottes de l'armée d'Italie à Milan, étant devenu tout à la fois archevêque , cardinal et grand-aumonier , le sulpicien Emery s'emparait aisément de sa confiance ; et, après avoir fait donner à ses confrères , dont les statuts bien mystérieux sont ceux-là même de la société ignacienne , le privilége de l'instruction du jeune clergé , il déterminait aisément le ci-devant garde-magasin , son pénitent , à consacrer une partie de ses richesses à l'acquisition de quelques vastes édifices sur divers points de la France, pour y établir des jésuites sous le nom trompeur *des Pères de la Foi*. Ils y accoururent, et, suivant leur tactique, ils s'étaient déjà emparés de l'éducation de la jeunesse et travaillaient à rendre jésuitiques les générations nouvelles. Bonaparte ne connut le piége qu'en 1809, et les efforts qu'il fit pour s'y soustraire ne réussirent qu'à le perdre.

L'intrigue n'eut plus d'obstacles à vaincre après la restauration de l'antique monarchie. Le complot, activement poursuivi, marchait de succès en succès, à mesure que Rome vous donnait progressivement les *in partibus* d'Amyclée, de Samosate, d'Amasie, etc. Il a été consommé par l'*in partibus* d'Hermopolis, constitué pour cet effet, tout à la fois, apocrisiaire du palais, maître absolu de l'enseignement de la jeunesse, et régulateur suprême de l'Église de France. Ce que je vous ai exposé des variations de M. Welle qui, en 1811, était si outré gallican, si anti-jésuite, et qui, depuis 1820, devenant *in partibus*, s'est montré si fanatiquement anti-gallican et jésuitique, a suffi pour vous faire comprendre que la promotion à l'*in partibus* était le salaire provisoire d'un engagement pris d'ultramontaniser et de jésuitiser la France. Il n'y a pas lieu de douter que l'*in partibus* colloqué à Sens, lorsqu'il devrait évangéliser sur les bords de l'Euphrate, et l'*in partibus* de Numidie, donné par Rome pour auxiliaire dans le diocèse de Reims au ci-devant *in partibus* d'Amyclée, lorsqu'il devrait épiscopaliser dans Alger, n'aient contracté l'obligation de seconder et d'affermir, dans le royaume ci-devant gallican, les vastes opérations ultramontaines du seigneur d'Hermopolis.

Attaquer seulement, ainsi que je l'ai fait, les *in partibus*

en masse, comme des superfétations monstrueuses dans
l'Église de Dieu, c'était donc blesser au vif la faction
ultramontaine dans ses agens les plus actifs et les plus
utiles. Aussi vous avez vu avec quelle fureur ses folliculaires se sont soulevés contre ma première Lettre [1]. Ne
pouvant m'atteindre dans leur rage, que néanmoins ils
voulaient assouvir, ils ont supposé qu'un évêque grec
était trop ignorant pour avoir composé cet écrit, et l'ont
imputé, comme un crime irrémissible, à je ne sais quel
ecclésiastique français, que probablement ils savaient
être resté fidèle aux anciennes doctrines. Fasse le ciel
qu'il me pardonne d'avoir été la cause involontaire de la
malicieuse délation par laquelle ils l'ont voué à la haine de
tous les *in partibus* présens et futurs, de leurs metteurs
en œuvre, de leurs cliens et de leurs patrons, pour un
prétendu délit dont j'affirme que je suis le seul coupable,
si toutefois on l'est en disant des vérités que je les défie de
contredire. Mais cet avantage ne sert qu'à vous rendre
plus coupable dans tout pays où les organes du mensonge,
par cela même qu'ils sont impuissans en fait de discussion et plus encore de réfutation véritable, sont imposés
comme des oracles, à la servilité presque toujours igno-

---

[1] Le vénérable Basilidès n'a pas daigné seulement les indiquer. Il en
serait revenu trop de honte à leurs lecteurs. L'un de ces folliculaires était
ce rédacteur du pamphlet périodique intitulé le *Médiateur* (3 septembre 1826), qui, indigne du rôle qu'on lui faisait jouer, est allé se faire
protestant à Genève, où même il est prédicant de calvinisme, comme il
l'était de jésuitisme à Paris. L'autre folliculaire qui s'intitule l'*Ami de
la Religion et du Roi*, avec la même vérité que les jésuites s'intitulent
compagnons de Jésus et pères de la Foi, fait trop bien ses affaires dans le
parti de la ligue, et a trop l'air d'être né ligueur pour ne pas continuer
à la servir jusqu'à extinction. *Voyez* son cahier du 6 septembre 1826
(Note du drogman.)

rante, par les magnats d'une faction puissante qui fait prospérer ses adeptes comme ses écrivains.

II. Je revendique donc pour moi tout le venin de ces dénonciations, ne fût-ce que pour y soustraire l'honorable gallican sur lequel ils ont fait tomber l'accusation « d'attaquer les évêques *in partibus*; de représenter les » jésuites comme des hommes dangereux, les évêques » comme dévoués aux jésuites, le nouveau clergé comme » vendu à l'ultramontanisme.» Le temps n'est pas éloigné où tout cela ne sera que trop mis en évidence par des éclats alarmans pour l'autorité civile [1]. Aussi les scribes de la faction se gardaient-ils bien de se mettre à prouver le contraire. La vérité de mes tableaux comme la droiture de mes attaques, était démontrée par une multitude de faits notoires. Il restait incontestable, en ce qui concerne les *in partibus* considérés d'une manière générale, 1° qu'ils foulent sacrilégement aux pieds les conditions de leur sacre épiscopal, en préférant les délices et les intrigues des cours ou des grandes villes à l'accomplissement du devoir imprescriptible d'aller porter l'Evangile aux nations pour lesquelles ils ont été faits évêques; 2° que les conciles de Vienne (1311), de Ravenne (1314), de Salzbourg (1420), de Trente (1551), les ont traités de *vagabonds*; 3° que de saints et savans personnages les ont regardés comme des *monstres* dans l'Eglise de Jésus-Christ, et comme n'ayant pas été consacrés selon l'esprit

---

[1] Cette prévoyance n'est que trop justifiée aujourd'hui, depuis les ordonnances du 16 juin de cette année sur les petits séminaires des jésuites. *Voyez* les fureurs de la *Quotidienne*, de la *Gazette de France*, de l'*Ami de la Religion et du Roi*, du *Mémorial catholique* et de la *Gazette de Lyon*, depuis cette époque.

(Note de l'éditeur.)

de Dieu ; 4° qu'ils sont, dans la chrétienté, des nonce
déguisés, chargés de préconiser les jésuites qui les pro
tégent, et qu'il ne faut pas être surpris de les voi
parler et agir en jésuites [1].

Ce qui me parait inconcevable dans mes pitoyable
adversaires, vu leur habitude de s'accrocher à des niai
scries à cause de leur impuissance d'entrer dans le fon
des questions, c'est d'avoir négligé la petite ressourc
que je leur avais laissée, en ne citant pas d'autres cen
sures particulières sorties de l'enceinte du concile d
Trente contre les *in partibus*, que celles de Barthélem
Carranza et de François de Vargas, dont ils ont pu en
tendre dire beaucoup de mal par les jésuites. La pré
somption, compagne de l'ignorance, ne devait pas leu
manquer, car ils ne savaient pas, sans doute, qu'u
éminentissime et célèbre protecteur des loyolistes avait
encore plus que ces deux Espagnols, maltraité les *i
partibus*, et cela très-solennellement en présence d
tous les Pères du concile. Mes adversaires qui, s'ils on
lu l'histoire qu'en a faite leur ami, le jésuite cardina
Palavicini, n'y ont vu que ce qui flattait leur opinio
de la monarchie universelle du pape, même dans le
choses temporelles, savaient-ils qu'on y voit aussi notr
fameux cardinal Charles de Lorraine tonner avec la plu
grande force contre la scandaleuse superfétation de
in partibus ?

« Ils se sont engagés, s'écriait-il, ils se sont engagé
» comme les autres évêques, dans leur consécration,
» porter l'Évangile aux peuples pour lesquels ils ont ét

---

[1] *Voyez* la première Lettre de Basilidès, aux pages 12 et suivantes.
(*Note du drogman.*)

» consacrés. En n'y allant pas, ils mentent au Saint-
» Esprit, puisqu'ils font le contraire de ce qu'ils ont
» promis avec serment. Non-seulement on ne doit plus
» en consacrer, mais encore il faut contraindre ceux
» qui sont consacrés à se rendre dans leurs diocèses,
» quand même ces diocèses seraient sous la domination
» de princes mahométans ou païens. Un évêque doit être
» disposé à souffrir le martyre pour le salut de son trou-
» peau, à l'exemple des évêques des beaux siècles du
» christianisme. Délivrons, délivrons enfin l'Église du
» scandale de ces mascarades épiscopales : *episcopales*
» *hujusmodi* LARVAS *ab Ecclesiâ removendas* [1]. »

Cette *larva* qui, chez vous, grâce à la *larva* d'Hermopolis, s'arrondit et se pavane sous mon titre romanisé,
s'est bien pauvrement défendue contre moi, s'il est vrai,
comme on me le mande de Paris, que ce soit lui qui ait
essayé de venger les *in partibus*, en août 1826, dans
cette vieille Gazette qui, dit-on, ne vit que parce qu'elle
est ravitaillée par le jésuitisme. Elle disait : « 1° Qu'il ne
fallait pas mettre le concile de Trente au nombre de ceux
qui, par des décrets, avaient réprouvé les *in partibus*;
2° que la nomination et la multiplication actuelle de ces
larvæ episcopales sont une protestation perpétuelle
contre l'illégitimité de l'Église grecque. » Quant au premier point, j'ai déjà fait connaître les intrigues et les
subtilités par lesquelles, en faveur de la cour de Rome
peuplée d'*in partibus*, un esprit qui n'était pas l'esprit
de Dieu, détourna le décret prêt à foudroyer ces mascarades épiscopales [2]. Ce décret n'est-il pas, après tout,

---

[1] Palavicini, *Historia concilii tridentini*, l. XX, cap. 16.
[2] *Voyez* la première Lettre de Basilides, à la pag. 19.

(*Note du drogman.*)

plus qu'implicitement dans l'odieuse qualification de *va-gabonds* que ce concile leur a infligée par ses actes immortels , en laissant subsister les anathêmes que les précédens avaient portés contre eux. Quant au second point, mes confrères, évêques grecs, demanderont, ainsi que moi, si ce serait par l'existence abusive des *in partibus*, par leur sacrilége violation de la consécration épiscopale, et *cum monstris à quibus vexatur Ecclesia*, que l'Église romaine prétendrait prouver que l'Église grecque, la première Église apostolique, est illégitime? Enchérir sur ces absurdités, en ajoutant, comme l'a fait le théologien de la radoteuse *Gazette*, que de pareils *monstra* « sont une nécessité dans l'état actuel de l'Église latine, » ce n'est assurément pas montrer qu'elle est plus légitime, plus invariable et plus indéfectible que l'Eglise grecque.

Ils perdent le bon sens les doctorisans de votre pays, à force de vouloir mettre l'Église universelle tout entière dans la tête et la poitrine du pape. En s'identifiant avec les théologastres scolastiques de Rome , ils se croient des Romains de ces temps fameux où, avec ses faux dieux comme avec ses armes , Rome subjuguait la partie connue de l'univers ; et ils s'écrient triomphalement avec le seigneur idéal d'Hermopolis , d'après le poëte fou du jésuitique archevêque de Beaumont : « Rome est encore la reine du monde [1] : » ce qui est faire croire que, depuis l'établissement du christianisme, elle l'a toujours été , du moins dans les choses spirituelles. Malheureuse la nation qu'ils trompent dans l'intérêt de leur folle vanité ou de leur ambition ! Ils ne

----

[1] Première Lettre de Basilidès , pag. 37.

laissent donc pas lire aux fidèles les Actes des Apôtres et les Épîtres du premier des papes ! Dans les Actes, tous les Français pourraient se convaincre que ce fut en Grèce, un an après que saint Pierre en fut parti pour aller prêcher à Rome, et à la suite des prédications de saint Paul et de saint Barnabé dans Antioche, que s'inventa le titre de *Chrétiens* pour la multitude de gentils qu'ils avaient convertis [1]. Sans les Grecs, vous n'auriez peut-être pas ce beau titre, et l'on vous appellerait encore, comme jusque-là on appelait les disciples, de l'ignoble et triste nom de *Nazaréens*. Vous n'avez que deux épîtres de saint Pierre ; elles furent, écrites dans ce temps-là, et de Rome même, où il ne pouvait trouver assez de croyans pour en former la plus mince église. Fut-ce à des Occidentaux, à des Italiens qu'il les adressa ? Non, ce fut à des Grecs, aux fidèles de la Natolie, de la Galatie, de la Cappadoce, de l'Asie et de la Bithynie. Les Grecs seuls méritaient les souvenirs de sa sollicitude apostolique. Où sont les chrétiens d'Occident, de Rome même, aux ancêtres de qui il ait adressé ces paroles rassurantes qui sont notre domaine inaliénable, pour ne pas dire exclusif : « Vous » êtes appelés et élus selon la prescience de Dieu le » Père, sanctifiés par le Saint-Esprit, et purifiés dans » l'aspersion du sang de Jésus-Christ [2]. »

III. Avec une légère teinture de savoir, les défenseurs des *in partibus* auraient pu, non avoir raison contre les autorités que j'ai citées, mais du moins embrouiller la question ; et ce stratagême eût suffi pour les

---

[1] *Actes des Apôtres*, ch. XI, v 26
[2] *Epist. cath. B. Petri*, c. 1, v. 2

faire paraître victorieux aux yeux de leur inepte clientelle, si avide de séductions et si facile à séduire. Elle m'aurait cru vaincu s'ils m'eussent répliqué seulement que les *in partibus* d'aujourd'hui ne sont pas comme ceux que les conciles traitèrent de *vagabonds*. Je n'étais pas allé au-devant de cette espèce d'objection ; elle eût pu éblouir tant qu'on n'aurait pas connu ma réponse, qui courait le risque de ne jamais parvenir en France ; mais enfin la voici :

Il y a eu et il y a sans doute encore plusieurs sortes d'*in partibus* : les vagabonds étaient les plus nombreux aux temps des conciles ; et, dans ce nombre, on comptait les prélats-domestiques de la cour romaine, où il n'en manque pas non plus aujourd'hui. Les autres en grande quantité étaient, pour la plupart, des moines qui, pour s'affranchir des rigueurs du cloître, s'étaient fait consacrer évêques pour des peuplades arabes ou turques, et qui n'y ayant ni clergé, ni fidèles, ni revenus, erraient en Italie, en Allemagne, en Angleterre, en Espagne et en France, offrant pour un modique salaire leurs services épiscopaux à des évêques effectifs, paresseux ou malades, tantôt à celui-ci, tantôt à celui-là, et courant, tantôt à droite et tantôt à gauche, aux oratoires où l'on pouvait être flatté d'avoir le spectacle d'une messe ou d'un salut avec crosse et mitre. Comme il se trouve encore en France des *in partibus* dépourvus de toute épiscopale allocation spéciale, et qui, pour épiscopaliser, n'ont que les églises où on les appelle, tantôt celle-ci, tantôt celle-là, ils n'ont pas le droit de m'empêcher de les classer parmi ceux que les conciles ont traités de *vagabonds*. Ils restent bien sous le coup des incrépations de cet évêque de Guadix, Melchior Avosmediano qui, dans le concile de Trente, disait de leurs pareils : « Ils n'ont été introduits dans l'Église que par » l'artifice du démon et la paresse des évêques effectifs. » Nous devrions non-seulement défendre qu'à l'avenir » on créât de tels simulacres épiscopaux, mais même » faire enfermer en des monastères ceux qui existent, » afin qu'ils y fissent pénitence jusqu'à la mort [1]. »

Si vos *in partibus* ne sont pas vagabonds, ils doivent être de la classe de ceux qu'au seizième siècle on appelait, en France, évêques *portatifs* ou *volans*, « par » analogie, dit un savant, à ces ponts que les armées » traînent avec elles en campagne, pour traverser les » fleuves qui, sans cela, arrêteraient leur marche [2]. » On les appelait *volans*, parce que n'étant point sujets à résidence dans le pays lointain dont ils portaient le titre, ils étaient lestement transportés nominativement de l'un de ces siéges chimériques à un autre siége du même genre ; et n'est-ce pas ainsi que le secrétaire du cardinal Fesch, après être devenu évêque de Samosate, a été nommé archevêque de Trajanople pour le faire arriver au siége métropolitain de la capitale ? Les canonistes Barbosa et Van-Espen placent aussi dans la catégorie des *in partibus* portatifs ou volans, « ces évêques » qui, destinés à résider dans les cours des princes, ne » semblent avoir été consacrés évêques que pour flatter » leur vanité et donner plus de pompe à leur service. En » les décorant du titre de chapelains (transformé ensuite

---

[1] Palavicini, *Hist. conc. trident.*, l. XX, c. 16.

[2] Remarques de Leduchat sur la *Satyre Ménippée*, aux pages 193 et 195 du tome II de l'édition de cette *Satyre*, en trois volumes, sous la rubrique de Ratisbonne ou Amsterdam, 1752.

(Note du drogman.)

» en celui d'aumoniers), poursuivent ces canonistes, ils
» n'en faisaient réellement que des domestiques ; et ces
» pratiques si peu apostoliques qui tendent à l avilisse-
» ment de l'épiscopat , se voient jusque dans la cour ro-
» maine [1]. » Qu'en pensera votre seigneur d'Hermopolis ?

Troisièmement, l'on eut et l'on a encore des *in partibus*
surnommés *confidentiaires* ou *custodi nos*. Ceux-ci, pour
un salaire mesquin , se chargeaient de toutes les
fonctions épiscopales dans les évêchés dont le titulaire
était absent depuis long-temps , et de ceux dont le titre
avec les revenus avaient été donnés par le roi à des
personnes laïques , mais nobles, et mâles ou femelles.
Vous avez le premier de ces cas dans l'occupation du
siége primatial de Lyon par l'*in partibus* d'Amasie dont
je parlerai plus au long tout a l'heure. Le second cas ,
réalisé pendant près de deux siècles, était trop révoltant
pour ne pas être modifié de manière à n'être plus facile-
ment reconnaissable. Il avait été le premier fruit de
ce beau Concordat de 1516, si vanté par la noblesse, en
vertu duquel Rome , en gagnant le perfide chancelier
Duprat, trouva le moyen d'anéantir à jamais cette prudente

---

[1] *Episcopi portativi non in aliam finem videntur ordinati nisi ut
in principum aulis pontificali dignitate insigniti, resideant... aut certè
in ipsâ curiâ romanâ, officia nullatenus ad pontificale officium perti-
nentia, obeuntes, ministri aulæ romanæ cum pontificalis officii de-
pressione. Itâ glossographus in Clementinâ, in plerisque de elect. ;
observando quod episcopi illi portativi irent ad curias principum et
quærerent habere pensionem, et multoties principes eos haberent
tanquam familiares et tanquam capellanos : ita et hodiè conspiciuntur
episcopi ad similes ecclesias (in partibus) ordinati, in curiâ romanâ
quærere à pontifice pensiones et in familiares capellanos pontificis
assumi. (Van-Espen, Jus ecclesiasticum universum. Pars 2, sect. 3,
tit. 5, cap. 2, n. XI, tom. I, pag. 723.)*

Pragmatique de Charles VII, déjà si fort ébranlée , sous Louis XI, par l'exécrable cardinal de la Balue, que ce monarque n'emprisonna certes pas injustement dans une cage de fer.

Dès que la cour de François Ier fut maîtresse de disposer des évêchés et des abbayes , sans le concours des élections tyranniquement et anticanoniquement abolies, les courtisans ne manquèrent pas de s'en faire conférer un grand nombre des plus lucratifs. Le prince en donnait aussi à des gens de guerre , que , par-là , il se dispensait de récompenser avec les fonds de son trésor, et même à des femmes , pour, je ne sais, quels services. C'était donc ainsi que se sanctionnait , malgré les oppositions des parlemens et de la partie saine du clergé , cet incroyable Concordat, par lequel, comme on l'a si raisonnablement dit, Léon X et François Ier s'étaient libéralement donné l'un à l'autre ce qui ne leur appartenait pas ; c'est-à-dire le pape au roi, ce droit d'élection que la discipline apostolique, observée jusqu'alors , avait irrévocablement attribué au clergé réuni aux communes ; et le roi au pape, ce droit d'instituer canoniquement l'élu, que la même discipline et les canons avaient exclusivement attribué , pour toujours , au métropolitain de la province , lorsqu'il s'agissait de l'élection d'un de ses suffragans, et aux suffragans assemblés en comité provincial lorsqu'il s'agissait de l'élection de leur métropolitain.

Dans notre Église grecque, tant damnée et redamnée par votre Église latine , on n'aurait jamais pu croire que, dans le royaume *très-chrétien*, les scandaleuses collations d'évêchés et conséquemment des abbayes et autres riches bénéfices eussent été poussées à un excès aussi criminel, avec une si longue approbation tacite de Rome, si l'on ne nous en eût fourni la preuve incontestable dans les actes même du clergé de France, lorsqu'en son assemblée de 1579, ouverte à Paris, il s'indignait de ces épouvantables abus. La noblesse et la Ligue naissante, craignant son influence auprès de Henri III, crurent la paralyser en décidant le faible monarque à la reléguer à Melun. Mais elle n'en fut pas déconcertée. Trois de ses prélats les plus dignes des temps apostoliques [1], sont envoyés par elle à Paris, pour présenter au Roi sa délibération unanime du 20 juillet. C'est le docte et ferme évêque de Bazas, Arnauld de Pontac[2],

---

[1] Tous les trois avaient été portés à l'épiscopat par les élections : c'étaient, 1° Arnauld de Pontac, évêque de Bazas, très-versé dans la connaissance des lettres grecques et hébraïques, auteur d'un savant commentaire sur le prophète Abdias, et de savantes notes sur la chronique d'Eusèbe ; 2° Arnauld Sorbin, profond théologien, prédicateur du Roi, porté de la cure du village de Sainte-Foy en Bourgogne, à l'évêché de Nevers ; et 3° Claude d'Angennes, évêque de Noyon, célèbre par ses écrits.

[2] Il était un de ceux qui avaient le mieux pénétré l'esprit et les vues de la Société ignacienne. Pendant un court séjour qu'il avait fait à Rome, en 1569, le P. Maldonat, qui enseignait à Paris, lui avait écrit pour l'engager à faire donner aux jésuites le collége de Bordeaux, en l'assurant que c'était « le désir des jurats de cette ville. » Loin de seconder ceux du P. Maldonat et de ses confrères, le prélat se hâta d'écrire à un conseiller du parlement de Bordeaux, M. de Lange, une lettre confidentielle pour le presser de s'opposer à ce que les jésuites envahissent ce collége. Cette lettre fut rendue publique, en 1594, dans un *Recueil de pièces*, imprimé à Paris, chez l'Angelier. Elle commençait par rappeler au conseiller Lange les oppositions qui avaient été faites, en 1554 et années suivantes, à l'établissement des jésuites dans Paris, par l'évêque Eustache du Bellay, par la faculté de théologie, par l'université en corps, par les curés, par les hôpitaux, etc. Le prélat faisait observer ensuite que, dans tous les pays où, *par un zele indiscret*, on les avait accueillis, l'on *s'en était bientôt repenti · témoins*, ajoutait il, *beaucoup*

qui s'est chargé de le haranguer ; et, dans le discours qu'il lui adresse, le 28, il commence franchement par demander le rétablissement des élections, telles qu'elles se faisaient avant le Concordat, d'où provenaient les désordres dont le clergé se plaignait, et qu'il exposait en ces termes : « Les évêques assemblés n'ont pu dissi-

de villes d'Italie qui s'en plaignent tous les jours ; et nagueres des notables d'Avignon recher chaient, par gens expres qu'ils ont mandés à Sa Sainteté, leur ôter le collége de cette ville. L'évêque faisait remarquer les vices caractéristiques des bons pères, 1º leur orgueil ambitieux dont il donnait une nouvelle preuve en disant que le principal de leur collége d'Avignon voulait être assis, aux assemblées du clergé de cette ville, immédiatement apres l'archevêque et avant le doyen ; 2º la fausseté et l'hypocrisie de leur désintéressement : Ils disent qu'ils veulent enseigner gratis ; mais ne veulent que colléges bien rentés, et une ville riche, sachant encore très-bien y faire unir des bénéfices. Ils montrent de par deçà, si peu de charité, et au contraire si grande ambition de vouloir embrasser tout, entreprendre sur tous estats, avec une si grande avarice, que chacun en augure fort mal à l'advenir ; et pense-t-on bien que, comme leurs commencemens sont trop violens, aussi ils ne dureront guerres en tel prétexte de piété : ce que l'on ne peut encore descouvrir en France, ou n'étant pas du tout reçus s'y contiennent, ou plutôt on les contient. Quand on les aura une fois admis, on ne pourra point s'en dépestrer, ni mettre d'autres en leur place. Ne pouvant estre jugés que par le pape et leur général, cela les nourrira dans une licence étonnante. Le prélat ajoutait plusieurs autres considérations qui montraient une grande prévoyance de l'avenir, et après lesquelles il disait encore qu'il en aurait beaucoup d'autres à présenter, mais qu'il aimait mieux les dire de bouche que de les écrire. Les bons pères avaient déjà des directeurs de poste aux lettres à leur dévotion. Sa dernière réflexion était qu'il n'y avait que ceux qui avaient traité avec les jésuites qui les connussent. Cette lettre de 1569 fut citée par l'avocat La Martelière, dans son célèbre plaidoyer de 1611, devant le parlement de Paris, pour l'université, contre les entreprises des jésuites. Leur avocat prétendit qu'elle était apocryphe. M. de Pontac était mort en 1605. L'authenticité de sa lettre sera prouvée, si on l'exige.

(Note du drogman.)

» muler à Votre Majesté la grande ruine et condam-
» nation qu'elle attire sur sa tête, et par conséquent sur
» tout le royaume, par cela qu'en vertu du Concordat
» fait entre le pape Léon X et le grand roi François Ier,
» votre aïeul, Votre Majesté nommant les personnes
» pour y être pourvues des principales charges de l'É-
» glise, y fait *ordinairement* pourvoir, ou pour n'en
» estre advertie, ou par importunité, des personnes du
» tout indignes et incapables, et, qui pis est, les donne
» *bien souvent* à personnes laïques et *gents mariez*, et à
» *des femmes*, d'où vient le plus grand désordre, d'au-
» tant qu'on voit, au grand détriment de l'Église et de
» ce royaume, éveschés, abbayes, prieurés et autres
» bénéfices estre vendus, changés et hypothéqués,
» donnés en dot, comme si c'estoient choses prophanes
» et qui fussent en commerce public. Les gents d'armes
» et les gents mariez, et mesme les femmes disent : MON
» EVESCHÉ, MON ABBAYE, MES CHANOINES, MES MOINES et
» semblables paroles. Pour s'accommoder mieux et en
» pouvoir plus à l'aise trafiquer, ils tiennent lesdits bé-
» néfices en œconomats, ou les font tenir (quand ce sont
» des éveschés) par des personnes à leur poste (des
» *in partibus*) qu'on appelle *en confidence*, contre tout
» droit divin et humain.... De-là vient qu'il se trouve,
» à cette heure, en ce royaume, jusqu'au nombre de
» vingt-huit archeveschés ou éveschés restant sans pas-
» teurs et tenus en confidence... Naguère en votre con-
» seil, avec l'argent provenant de la vente d'un éves-
» ché, ont été acquittées les dettes du vendeur. Naguère
» en votre conseil une abbaye a été adjugée à une dame,
» comme lui ayant été donnée en dot, avec déclaration
» qu'après son décès, ses héritiers en jouiront par égale

» portion.... De quoi, pour instruire plus amplement
» Votre Majesté, les prélats de l'assemblée ont attaché
» un rolle avecque la présente requête : outre lesquels
» éveschés et archeveschés qu'ils désignent pour avoir
» été ainsi donnés, peuvent y en avoir quelques-uns ou-
» bliés pour n'avoir pu être adverti du tout, comme
» aussi n'ont-ils pu nommer particulièrement les ab-
» bayes et autres bénéfices, jusqu'aux simples cures et
» prieurés tenus en cette façon, pour en estre le nom-
» bre infini. Ils vous remonstreront aussi que le ser-
» vice divin est intermis et délaissé en la plupart des
» cures et paroisses de ce royaume, en grande partie
» par l'occupation des gentilshommes [1]. » Les prélats
rappelaient qu'en 1574 pareilles doléances avaient été
faites, par leurs prédécesseurs, à Charles IX [2] ; et ils dé-

---

[1] On retrouve ces remontrances dans le *Recueil* qu'en 1673, Jean le
Gentil, chanoine et vidame de l'église de Reims, donna, en plusieurs
tomes *in-folio*, à Paris, *des actes, titres et mémoires concernant les
affaires du clergé de France* Voyez-en le tome V, aux pages 5, 6, 512
et 516 de la huitième partie du Recueil. La harangue de l'évêque de Bazas
est encore conservée dans quelques collections de manuscrits de la même
époque.

(*Note du drogman.*)

[2] Vos successeurs actuels des apôtres, ces évêques et archevêques qui
abandonnent leurs diocèses pour aller résider à Paris, presque toute l'année, en qualité d'agens politiques, comme pairs de France, conseillers-
d'État, aumoniers soi-disant de princes et princesses, ne demanderaient
pas au Roi, comme ceux de 1574, d'ordonner « que les évêques qui
» auraient délaissé leurs églises et dont l'absence aurait excédé l'espace
» de trois mois pour le plus, outre qu'ils encouraient péché mortel, per-
» dissent les fruits de leur évêché ou archevêché au *pro rata* du temps
» de leur absence, applicables à la fabrique ou aux pauvres des lieux, et
» subissent les autres peines contenues au saint concile de Trente. » (*Re-*
cueil du chanoine Jean-le-Gentil, à page 497 du susdit tome V.)

(*Note de Basilides.*)

ploraient le peu de succès qu'elles avaient eu. Il en ar-
riva de même à celles-ci, quoique Henri III eût répondu,
même par écrit signé de lui, « qu'il se conformerait aux
» vœux de l'assemblée du clergé [1]. »

L'évêché de Metz et l'archevêché de Reims, ces deux
siéges les plus riches de la France d'alors, avaient été
la proie de la cupidité des grands seigneurs. François II,
en 1560, avait livré le premier à un enfant qui n'avait
pas sept ans, le prince Charles II de Lorraine, à qui
Grégoire XIII n'hésita pas à donner l'institution canonique ; et Clément VII n'en refusa pas à l'autre enfant
de la même famille, Charles de Joinville, fils de Claude
de Lorraine, duc de Guise, à qui le même roi avait
conféré, non-seulement la grosse abbaye de Celles, à
Troyes, mais encore l'archevêché de Reims.

Le désordre se perpétua sous Henri IV, sous Louis XIII,
et même jusque vers la moitié du règne de Louis XIV,
du -consentement, si ce n'est avec l'approbation de
Rome. Lorsqu'au temps du premier de ces monarques
où les bonnes cures étaient le lot de la noblesse laïque

---

[1] Plusieurs chapitres persistaient encore dans la jouissance du droit
d'élire les évêques. Le seigneur d'Hermopolis a, suivant sa coutume et la
pratique de ses amis, dénaturé les faits, lorsqu'à la page 166 de ses pré-
tendus *Vrais principes de l'Église gallicane*, il a dit « que Nicolas de
» Briroy, nommé par le roi à l'évêché de Coutances, en 1588, prit part
» à l'administration du diocèse comme investi des pouvoirs du chapitre,
» en 1589. » Il fallait dire que le chapitre, regardant comme nulle la
nomination faite par le roi, et voulant user de son droit, procéda, en
1589, à l'élection de son évêque; mais que, par bonne composition, il nomma
le sujet qu'Henri III avait choisi. Ce Nicolas, parce qu'il était bon gen-
tilhomme, avait eu, à l'âge de quinze ans, en 1541, l'excellente cure de
Fierreville, que lui avait cédée son oncle, après l'avoir possédée plusieurs
années, sans être prêtre.

(Note de Basilidès.)

du second ordre, des prêtres timorés demandèrent au pape si un mariage contracté devant un curé qui n'était que tonsuré pouvait être réputé valide ; la congrégation romaine, interprétative du Concile de Trente, répondit que ce mariage était très-valide, parce que le Concile de Trente, en exigeant la présence du curé pour la validité du mariage, n'avait pas exigé que le curé fût prêtre ; et cette réponse parvint en France, munie d'un décret d'approbation donné par Clément VIII [1].

La réine régente, veuve de Henri IV, entourée, comme dit Bossuet, d'Italiens et de ligueurs, ayant donné (en 1612) l'opulent évêché de Metz au bâtard que ce prince avait eu, en 1601, de la dame Henriette de Balzac, faite par lui marquise de Verneuil [2], lequel, nommé

[1] *Voyez* cette décision dans le canoniste Fagnan, au chapitre *Prœtereà X, de œtate et qualitate ordinandorum.* Il paraît que l'abus de conférer les bonnes cures à des gentilshommes laïques, qui, pour en jouir, se faisaient tonsurer, subsista jusqu'en 1742, où Louis XV, par un édit du 13 janvier, voulut que de pareilles collations fussent absolument nulles.

(Note de Basilidès.)

[2] Les ligueurs devaient bien quelque reconnaissance à ce bâtard, puisqu'il avait été, en 1604, le motif d'une conspiration de sa mère, dans laquelle ils auraient eu la satisfaction de voir périr Henri IV, six ans avant l'attentat de Ravaillac. Ce prince, trop passionné pour les femmes, avait promis, dans un délire d'amour, à la marquise de Verneuil, au commencement de sa liaison avec elle, qu'il l'épouserait et la déclarerait reine, si elle accouchait d'un enfant mâle ; mais il avait bientôt manqué à cette folle promesse en épousant Marie de Médicis, qui déjà lui donnait un fils. Le dépit furieux que la marquise en ressentait, était partagé par son frère le comte d'Auvergne et le sieur d'Entragues son père. Un capucin, le P. Archange, leur proposa un plan de conspiration qui du moins la vengerait, s'il ne la faisait pas atteindre au but de son ambition. Ce plan, adopté par la famille et pour l'exécution duquel beaucoup de ligueurs promirent leurs secours, fut envoyé au roi d'Espagne pour avoir son

Henri de Bourbon, marquis de Verneuil, n'avait que onze ans, Paul V s'empressa de lui envoyer des bulles d'institution canonique. D'autres bulles lui confirmèrent ensuite la possession de la très-lucrative abbaye de Saint-Germain-des-Prés, à Paris, qui lui était aussi conférée par la cour, et qu'il posséda jusqu'en 1668. Il ne s'en dessaisit, quelque temps avant de se marier avec Charlotte Séguier, veuve de Maximilien-François de Béthune, duc de Sully, qu'en faveur d'un autre laïque de haut parage, l'ex-roi de Pologne, ce benin Casimir, qui venait d'abdiquer sa couronne, à l'instigation des jésuites impatiens de la faire passer sur une tête plus jeune et plus active encore pour leurs intérêts. Le pape Alexandre VII, leur ami, ce grand fabricateur du plus vexatoire des formulaires anti-jansénistes, s'empressa

consentement et son appui. Ce monarque non-seulement approuva le complot, mais encore tint prêts cinq cent mille écus, pour que l'on pût armer en France tous ceux qui voudraient agir dans cette machination. Il promit en outre de faire marcher les troupes qu'il avait à Barcelone pour soutenir les révoltés dans la Gascogne et le Languedoc. Il donna même l'ordre au comte de Fuentes, qui commandait ses troupes du Milanais, de se porter sur Lyon pour y agir conjointement avec celles du duc de Savoie qui entrait aussi dans le même complot. Comme Henri IV n'avait pas cessé d'aller fréquemment de nuit en poste, escorté seulement de cinq à six personnes, voir la marquise à Verneuil, on devait commencer par l'égorger sur la route ; le dauphin était destiné au même sort si on pouvait l'approcher à la cour ; et dans tous les cas, on était sûr de l'éloigner si bien de la France, qu'on n'y entendrait plus parler de lui. Cette conspiration fut découverte à temps par une lettre que la marquise de Meignelay qui en était complice, écrivait à un jésuite d'Angleterre. (Voyez les détails de ce complot dans les *manuscrits de Godefroy*, conservés à la Bibliothèque du Roi, à Paris, volume N° IX, page 3g3 ; dans l'*Histoire* écrite par de Thou ; dans le *Journal* de Pierre de l'Étoile ; et dans l'*Histoire de la paix*, par Cayet, à p 4g5.)

(Note du drogman.)

de confirmer cette abbaye au monarque moine, par une bulle du 8 mars 1669. Je l'appelle moine, parce qu'il était, depuis nombre d'années, jésuite *in voto*, ou comme on dit ordinairement, jésuite de *robe-courte*; mais il ne fut jamais engagé dans les ordres sacrés, non plus que Henri de Bourbon, marquis de Verneuil qui, de son côté, avait compensé aux yeux des papes ses incapacités et comme laïque et comme bâtard, par son affiliation à la congrégation laïcale que les jésuites avaient formée pour les nobles du faubourg Saint-Germain, dans la maison de leur noviciat, à côté du séminaire de leurs amis les Sulpiciens.

L'archevêché de Reims avait été donné en 1651 à Henri de Nemours, laïque de vingt-six ans, qui ne renonçait point au dessein de se marier, ce qu'il fit en 1657; et néanmoins le pape Innocent X le confirma dans la possession de ce siége important. Ce fut parce que ce bizarre archevêque ne pouvait sacrer Louis XIV (en 1654), que l'évêque de Soissons eut l'honneur de faire cette cérémonie, dont les métropolitains de Reims sont si jaloux, depuis que leur prédécesseur Hincmar leur a procuré une sainte ampoule. Quand le bâtard congréganiste, marquis de Verneuil, se démit en 1652 de l'évêché de Metz, par courtoisie pour le cardinal Mazarin qui en avait grande envie, et qui était encore tout-puissant dans le royaume, il en fut dédommagé par de bonnes abbayes, pour lesquelles les bulles de Rome ne lui manquèrent pas [1]. Ma-

---

[1] Ce fut au travers de ces combinaisons sacriléges et simoniaques que le prince Armand Bourbon Conti, qui, n'étant que simple tonsuré, possédait quatre opulentes abbayes, avec l'approbation du pape, et qui avait déjà décidé son mariage avec la nièce du cardinal Mazarin, vint présider, en 1651, un conventicule de dix-sept évêques d'un esprit ligueur, parmi

zarin, qui lui-même aussi ne fut jamais que tonsuré, n'en a pas moins été évêque de Metz, depuis 1652 jusqu'en 1658. Quand il fut obligé d'y renoncer pour des raisons que je dirai bientôt, il s'en dédommagea en s'appliquant les meilleures abbayes de France ; et Rome ne fit pas de difficultés pour lui donner des bulles qui l'autorisèrent à en jouir consciencieusement. Il eut pour successeur l'un après l'autre, sur le siége de Metz, deux princes allemands, d'abord François Égon de Furstemberg, également laïque qui se vit forcé d'abdiquer en 1663, et ensuite le frère de celui-ci, nommé Guillaume qui, ne pouvant pas mieux y exercer les fonctions épiscopales, céda l'évêché en 1682, pour de bonnes abbayes [1]. Vingt ans plus tard, quelque temps après la conquête de l'Alsace, Guillaume s'étant rendu moins inhabile à l'épiscopat, fut porté plus canoniquement au magnifique évêché de Strasbourg.

Qu'on ne dise pas que je prends plaisir à remettre en lumière, sans utilité, les scandales de l'Église du royaume très-chrétien : j'en gémis aussi ; mais j'étais obligé de les retracer pour faire pleinement ressortir la monstruosité de l'existence des *in partibus*; car, s'il n'y en avait point eu, ces scandales n'auraient pu subsister. On connaît les *in partibus* qui, depuis 1617 jusqu'en 1668, couvri-

lesquels étaient des *in partibus*, et se liguer avec eux pour proscrire les *Preuves des libertés gallicanes*, publiées par les frères Dupuy. Dans tous les temps, elles eurent pour ennemis, avec les *in partibus*, tous les nobles, envahisseurs d'évêchés, d'abbayes, de cures et de prieurés.

(Note de Basilidès)

[1] George d'Aubusson de la Feuillade, archevêque d'Embrun, vendu aux jésuites, et jésuite lui-même *in voto*, comme le prouve son diplôme de jésuite que j'ai entre les mains, ne descendit alors de son siége métropolitain sur le simple siége épiscopal de Metz, que pour en avoir

rent de leur mitre, à Metz [1], les frauduleux épiscopats des marquis de Verneuil, des Mazarin, des Furstemberg, et leur en maintinrent les revenus en y exerçant pour eux les fonctions épiscopales, avec l'approbation des papes, auxquels il faut convenir que les illustres titulaires laïques des évêchés se rendaient fort agréables. C'était le marquis de Verneuil qui avait introduit les jésuites à Metz et leur y avait donné de fort beaux établissemens. On sait quelles faveurs ils obtinrent de Guillaume de Furstemberg à Strasbourg. Ce fut pour plaire à Rome, en accréditant en France, le système de l'infaillibilité du pape, qu'en 1654, le tonsuré Mazarin fit rédiger, de concert avec le jésuite Annat, par quelques évêques [1] courtisans, convoqués dans son appartement, ce tyrannique formulaire qu'Alexandre VII renforça encore en y ajoutant l'exigence d'un serment fondé sur la parole du pape, que par-là, tout le clergé, même les maîtres et les maîtresses

les copieux revenus ; et, afin de consoler sa vanité de cette dérogation, il conserva nominalement son titre d'archevêque d'Embrun, de sorte, qu'il parut y avoir pour la métropole d'Embrun, deux prélats, à savoir : Charles Brûlart de Genlis qui remplaça réellement George d'Aubusson, et ce George lui-même qui, dans le vrai, n'en était plus archevêque qu'à la mode des *in partibus*. Il y a beaucoup d'anecdotes curieuses et très-jésuitiques sur cet orgueilleux et cupide prélat, fière de ce duc de la Feuillade qui, pour flatter Louis XIV, fit ériger sa statue sur la place des *Victoires*, à Paris, et l'entoura de quatre fanaux qu'il tenait toujours allumés : ce qui faisait dire «qu'il avait mis le soleil entre quatre lanternes. »

(*Note du drogman.*)

[1] Ce furent 1° en 1617, le dominicain Coëffeteau, sous le titre d'évêque de Dardanie ; 2° en 1621, le franciscain Étienne Puget, sous le même titre ; 3° en 1643, le cordelier Pierre Meurisse ; 4° en 1644, le pauvre bénédictin Bedacier, sous le titre d'évêque d'Auguste.

(*Note du drogman.*)

d'école devaient reconnaître et faire reconnaître à leurs élèves pour infaillible [1].

Cet éminent service rendu à Rome, méritait bien qu'elle laissât son Mazarin jouir des amples revenus de l'évêché de Metz ; mais comme le timoré Innocent X, prédécesseur d'Alexandre VII, n'avait pas voulu donner des bulles à Mazarin, pour cet évêché, Alexandre n'osa pas lui en délivrer ; et Clément IX ayant suivi cet exemple, ce fut de désespoir d'en obtenir jamais, que le tonsuré cardinal abandonna l'évêché. Mais Rome se gardait bien de réprouver l'institution monstrueuse des *in partibus*, sans laquelle n'aurait pu se maintenir l'énorme scandale de tant de laïques évêques, toujours prêts à se marier. Elle était trop sûre d'avoir, dans les *in partibus*, qui ne tenaient que d'elles leur épiscopat honoraire, des agens très-dévoués, pour en débarrasser l'Église. Trouvant dans leur conduite, nécessairement ultramontaine, un moyen efficace de neutraliser et ruiner en France l'autorité des maximes gallicanes, Rome continuait de prêter une oreille propice aux gens de cour, par qui certains prélats de haute

---

[1] Toutes ces querelles et persécutions que les jésuites, avec les évêques qui leur étaient vendus, firent et font encore à ceux qui ne croient pas à l'infaillibilité du pape, et que pour cela seul, ils accusent de jansénisme, n'eurent et n'ont pas d'autre but que de faire passer les papes pour infaillibles. On peut s'en rapporter sur cela au fameux jésuite, Daubenton, qui, de Rome, où il était l'agent le plus actif de l'exécrable P. Tellier, donnait le mot d'ordre à Fénélon, par sa lettre du 13 juillet 1707, en lui disant. « Peu leur importe (aux cardinaux, au pape, aux » théologiens de la cour de Rome) que l'on confonde les jansénistes, si ce » n'est pas en établissant l'infaillibilité du pape ; ils ne comptent pour rien » tout le reste, au prix de cette chère prérogative…. Ils sont beaucoup plus » attentifs à établir l'infaillibilité du pape, qu'à détruire le jansénisme. » (*Correspondance de Fénélon*, au tome III, pages 140 et 141.)

(Note du drogman.)

volée faisaient solliciter la création de quelques nouveaux *in partibus*, les uns pour coadjuteurs, les autres pour *offi-cinateurs*.

V. Parmi ces prélats, les uns, reconnaissans envers leur famille, dont le nom illustre les avait portés à de brillans siéges, et jaloux d'en assurer les revenus comme un héritage à leurs neveux, ou comme une légitime à leurs adoptifs, se les faisaient donner comme héritiers par Rome, qui leur conférait, avec un titre *in partibus*, celui de coadjuteurs, ayant droit de leur succéder, ainsi que des fils aux biens de leur père, ou des neveux à la fortune de leurs oncles célibataires. On eût dit que ces nobilissimes étaient trop au-dessus des pères du concile de Trente, pour s'abaisser à l'observance du décret par lequel ils avaient prohibé ces héritages simoniaques par forme de coadjutorats [1]. Les insatiables et trop puissans privilégiés ne s'embarrassaient pas davantage de ce que le clergé, en assemblée générale, avait fait insérer dans ses *Mémoires*, en manière de protestation contre ces coadjutorats, le doctrinal plaidoyer par lequel, en 1642, l'avocat-général du Roi, Omer Talon, avait, le 25 février, soulevé le parlement de Paris contre ce stratagème, au moyen duquel on continuait à faire, des plus riches évêchés et archevêchés, le patrimoine héréditaire des familles nobles [2]. La cupidité nobiliaire, qui précédemment envahissait à face découverte les plus beaux siéges, atteignait le même but avec le déguisement des *in partibus* constitués

---

[1] Seff. XXV. *De Reformatione*, ch. VII.

[2] *Recueil des actes, titres et mémoires concernant les affaires du clergé de France*, par Lemerre Paris 1716, au tome II, pages 332, 348 et suiv

héritiers présomptifs des prélatures de leurs oncles ou patrons. La noblesse n'y perdait que de ne pouvoir pas revêtir ses femmes d'un titre *in partibus* avec coadjutorat, pour se mettre en possession immédiate et directe du revenu de ces beaux siéges. C'était en citant les exemples de saint Augustin et de saint François de Sales, qui furent coadjuteurs, mais en des cas auxquels ne ressemblent aucunement ceux des derniers temps, que d'adroits ou benins archevêques et évêques s'en firent donner le siècle dernier. Témoins ce cardinal de Bernis, dont le neveu, sous le charmant titre d'évêque-de Paphos *in partibus*, s'assura, comme une succession mondaine, le riche archevêché d'Alby; et ce cardinal de la Roche Aymont, dont l'exemple, suivi dans la suite par celui qu'il avait pris pour coadjuteur, sur la recommandation de sa nièce, doit nuire doublement à sa mémoire; et ce Mathias de Troyes, qui, avec ses hardis mandemens anti-gallicans et jésuitiques, si vertement réprimés par le parlement, avait obtenu de Rome que son neveu devînt l'héritier de son siége. Lorsqu'ici, depuis l'époque qu'en France on appelle *restauration*, nous avons appris que les titres *in partibus* de Trajanople et de Carthage ont été les sceaux de donations entre vifs, pour un avenir très-prochain, de deux des plus importans archevêchés du royaume, par leurs prélats septuagénaires, nous nous sommes demandé si cette restauration n'avait été pour votre clergé, que celle des précédens abus?

VI. D'autres superbes archevêques ou évêques effectifs qui, de même que la fameuse Élisabeth d'Angleterre, ne voulaient pas connaître d'avance leurs successeurs, et avoir toujours en face leurs héritiers, mais trouvaient que les fonctions corporelles de l'épiscopat, exercées par d'autres prélats , moins illustrés qu'eux , étaient presque roturières, ou qui ne voulaient pas être empêchés par elles d'aller intriguer en cour ou dans la capitale, se firent aussi donner des *in partibus* , mais seulement pour *officinateurs* à gages , sur lesquels ils rejetaient la fatigue des ordinations , des confirmations et des visites diocésaines. C'est par une politesse très-peu dispendieuse pour eux, que, de nos jours, ils se sont mis à qualifier d'*auxiliaires* [1] ces évêques de service qui , n'épiscopalisant qu'en subalternes et pour le compte des magnifiques , ne sont, dans le fait, que comme ces chantres gagés à qui des chanoines gras et vermeils laissent le soin de louer Dieu [2]. Sont-ils autre chose , quoique mitrés et crossés, et ce jeune *in partibus* sur qui le pape fit glisser , en 1821 , comme un titre *volant* , celui de Samosate , échangé si lestement contre celui de Trajanople par le jeune héritier-constitué du siége de

[1] Cette politesse leur a été suggérée par le S -P Léon XII, lorsque, dans son concordat du 18 juin 1827, avec le roi des Pays-Bas, il donnait d'avance la douce qualification d'*auxiliaires*, aux *in partibus*, qu'il se réservait de pouvoir mettre , auprès des évêques nommés par ce monarque, comme des nonces déguisés, pour les surveiller et les forcer d'agir en tout selon les vues de la cour de Rome.

(Note du drogman.)

[2] Le jésuite Louquet, supérieur du collége de Saint-Acheul, a retranché ce trait satirique dans le *Boileau corrigé* qu'il donne à ses élèves. Le bon père corrigera sans doute encore (que ne corrigent pas les jésuites !) le canon du concile de Cologne à qui Boileau me paraît l'avoir emprunté, et qui disait en 1536 : *Quàm autem à vero aberrant qui existimant sese non alicujus officii in ecclesiá exercendi, sed quietis et inertiæ tantùm causâ canonicatus esse adeptos ! Perindé atque satis sit, paucis quibusdam clericis admodum ignaris, tenui pretio conductis, curam divini officii committi. Hujusmodi mercenarii, etc.*

(Note du drogman.)

Paris, et ce nouvel *in partibus* libéralement accordé par le pape à l'éminent archevêque de Reims, le 28 janvier 1828, sous le titre de seigneur épiscopal de Numidie, c'est-à-dire d'Alger, comme pour étendre l'imposante suprématie du métropolitain rémois, jusque sur ces barbares que vos flottes ne peuvent mettre à la raison : *Et Numidæ infreni cingunt.*

VIII. N'y a-t-il donc plus dans votre corps épiscopal actuel, si vanté par l'ultramontanisme dont il est le produit, et qu'en conséquence le seigneur d'Hermopolis a préconisé comme supérieur en mérites de tout genre à l'épiscopat des siècles passés, n'y a t-il plus de zélateur de la vraie discipline, semblable au savant canoniste François de Bosquet, cet évêque de Lodève, qui, à son retour de Rome, où il avait été député par l'assemblée du clergé de 1650, et où il avait découvert les manéges de plusieurs prêtres français prétendans à l'*in partibus*, se souleva si vigoureusement contre eux dans l'assemblée suivante ? « Sachez, lui disait-il le 23 mars
» 1656, sachez que, pendant mon séjour à Rome,
» ayant appris que plusieurs ecclésiastiques français
» poursuivaient auprès du pape des évêchés *in partibus*,
» sous prétexte que les évêques de France avaient
» besoin de suffragans, à cause de la grande étendue de
» leurs diocèses, ou de leurs incommodités particu-
» lières, et que les poursuivans disaient que c'était le
» désir du roi et du clergé de France, j'en parlai au pape
» (Innocent X) et à monseigneur le cardinal d'Est, à
» qui quelques-uns avaient été recommandés par la
» cour, et mes remontrances firent échouer les manéges
» de ces aspirans à l'honneur sans charge d'un fantastique
» épiscopat.

» Néanmoins, depuis mon arrivée en France, j'ai appris
» que ces ecclésiastiques avaient recommencé leurs pour-
» suites sous le nouveau pontificat (celui d'Alexandre VIII
» auprès de qui les jésuites avaient tant de crédit.....)
» Il serait à propos d'y pourvoir, de crainte que l'Église
» gallicane ne se remplisse de ces évêques *portatifs* et
» inutiles, au mépris du caractère épiscopal. »

Mais Rome était loin de vouloir qu'il n'y en eût plus,
à cette époque où, pour parvenir à étouffer les doctrines
gallicanes dans la guerre qu'à cette fin, le jésuitisme
faisait aux partisans de Jansénius, elle avait le plus
besoin de neutraliser l'ascendant des évêques gallicans
par l'intercallation de plusieurs *in partibus*. On sait les
efforts d'Alexandre VII pour arriver à ce but ; et le cardinal d'Est, à qui les ultramontains de la cour de France
avaient demandé de ces champions mitrés de l'ultramontanisme qui réchauffa si bien la ligue contre Henri IV,
était d'une famille alliée des Guise.

L'un des trois présidens de l'assemblée, l'évêque de
Montauban, Pierre de Berthier, avoua « qu'on demandait
» souvent au roi des lettres de recommandation pour
» obtenir de Sa Sainteté des titres d'évêchés *in par-
» tibus* ; » et l'assemblée, décidant par acclamation
» qu'il fallait qu'elle s'employât pour empêcher que de
» pareilles lettres du roi ne fussent plus accordées aux
» intrigans qui les sollicitaient, » pria sur-le-champ
l'archevêque de Bordeaux, Henri de Béthune, et l'évêque
de Montauban d'aller chez le ministre-secrétaire d'État,
comte de Brienne, pour le prévenir des vœux de l'assemblée.

Le second de ces prélats, que d'ailleurs elle avait
chargé de composer, en son nom, une lettre au pape,

pour le supplier de ne plus accorder de titres d'évêchés *in partibus*, vint la lire dans la séance du 11 mai. Elle fut approuvée et adoptée avec enthousiasme comme exprimant parfaitement les sentimens de l'assemblée; et, après qu'elle eut été signée au nom de tout le corps épiscopal par le président qui était ce jour-là Fr. Henri de Gondi, archevêque de Sens, l'assemblée la fit partir sans délai pour sa destination.

Il est bon de mettre sous les yeux de vos seigneurs d'Hermopolis, de Samosate, de Tempé, de Numidie, de Caryste, etc., cette lettre vraiment épiscopale, pour qu'ils sachent bien ce qu'eussent pensé d'eux les prélats d'un clergé qui, très-certainement, n'était pas inférieur en mérites à celui d'aujourd'hui.

« Très-saint Père, disaient au pape ces prélats, le
» siége apostolique étant, en qualité de chef de l'épis-
» copat, le vengeur de sa dignité et de son honneur
» compromis, c'est à vous que nous recourons dans la
» crainte de voir l'ordre apostolique flétri par de nou-
» velles ignominies. Il en serait souillé de plus en plus,
» si vous faisiez monter au rang épiscopal, à ce faîte des
» dignités ecclésiastiques, des hommes tels que, par
» les inclinations coupables dont leur cœur se montre
» vicié, s'ils étaient déjà parvenus à l'élévation pour
» laquelle ils font tant de brigues, on devrait les en
» précipiter.... La cupidité de ces hommes que nous
» voyons ambitionner la dignité épiscopale, dément le
» zèle et la charité dont ils se vantent pour l'obtenir.
» En postulant un épiscopat chez les nations infidèles,
» ils s'annoncent comme empressés d'y aller vaquer à
» ces beaux travaux apostoliques dont le martyre peut
» devenir la désirable récompense ; en demandant une

» de ces églises lointaines où l'occasion de répandre
» son sang pour la cause de Jésus-Christ est perpétuelle,
» ils promettent de partir au plutôt pour s'y rendre et d'y
» résider sans interruption ; ils s'y engagent même par
» serment (telles sont les promesses contenues dans la
» formule de la requête au pape en sollicitant un évêché *in*
» *partibus*); et dans le temps même qu'ils font ces pro-
» messes, ils sont bien résolus à se parjurer aussitôt
» après la consécration qui leur aura conféré le carac-
» tère épiscopal. Leur dessein véritable est d'entrer
» dans nos rangs. Ils agiront comme ceux des *in par-*
» *tibus* que, par déférence pour le Saint-Siége qui les
» avait promus à la dignité épiscopale, nous avons
» consenti à consacrer. Ils s'enfleront d'orgueil, et
» vivront honteusement en lâches parasites des puissans
» du siècle. La conduite des précédens, à laquelle la leur
» ne manquera pas de ressembler, prouvera non-seulement
» qu'ils étaient déterminés à ne pas se rendre dans le dio-
» cèse dont ils n'auraient obtenu le titre qu'à la condition
» d'y aller travailler comme évêques, mais encore qu'ils
» étaient impatiens de sortir d'une condition obscure,
» où ils se trouvaient soumis au joug d'une obéissance
» quelconque, et de pouvoir faire prendre un essor
» plus brillant à leur ambition.

» Ce ne sont pas uniquement des moines qui, par de
» telles prétentions, offensent la dignité épiscopale
» à laquelle ils aspirent. Nous avons plusieurs ecclé-
» siastiques séculiers qui, possédés d'une semblable
» cupidité, et jaloux de relever par l'épiscopat la sou-
» daine réputation qu'ils se sont faite parmi les gens
» simples, et qu'ils croient plus glorieuse qu'elle ne
» l'est en effet, ou désireux de joindre à des penchans

» secrets pour la mollesse, la fortune et les honneurs
» mondains, une haute dignité qui les leur procure,
» demandent aussi des évêchés *in partibus*, bien ré-
» solus à ne pas remplir les devoirs de cette dignité
» essentiellement laborieuse. Comme les uns et les
» autres n'ont en vue que des jouissances terrestres, en
» recherchant de pareils épiscopats, ils emploient sour-
» dement tout leur esprit de cupidité, tous leurs moyens
» d'intrigues pour s'ingérer dans les affaires de cour ;
» et lorsque, sous les auspices de quelque grand per-
» sonnage, ils ont extorqué par importunité de belles
» recommandations royales, ils se présentent au siége
» apostolique, s'en jouent par divers artifices, par des
» prestiges hypocrites, et lui arrachent la dignité qu'ils
» convoitent. Ce ne sont plus, après cela, que des pha-
» risiens qui recherchent les regards du public, dé-
» ploient à ses yeux leurs phylactères, se pavanent sous
» les décorations épiscopales, prennent les premiers
» rangs dans les festins et les premiers siéges dans les
» assemblées, se font saluer avec respect dans les places
» publiques et appeler pompeusement *Rabbi* (monsei-
» gneur) par tous ceux qui les approchent ; en un mot,
» ils hument avec un air dominateur et des allures pré-
» tentieuses, la faveur des laïcs et des hommages qu'ils
» ne sauraient mériter.

» C'est, nous le croyons, très-saint Père, c'est contre
» de tels évêques que d'avance le prophète Zacharie
» s'indignait, en s'écriant : *O pasteur, vous n'êtes qu'une*
» *idole* [1]. Eh ! certes, s'il n'est pas autre chose, l'évêque
» qui manque au devoir de la résidence parmi son trou·

____

[1] Zach., c. XI, v. 17.

» peau, à plus forte raison, n'est-il qu'une idole, l'é-
» vêque qui n'en a aucun. Malgré le titre apostolique
» qu'on lui donne si vainement, ce n'est, dans la réa-
» lité, qu'un simulacre doré. Très-saint Père, nous vous
» en conjurons, délivrez l'Église de ces pasteurs sans
» ouailles, de ces fantômes d'évêques, de ces véritables
» idoles, et ne constituez désormais que des pasteurs
» effectifs et agissans qui, ayant à leur tête dans votre
» personne le pasteur suprême, gouvernent réellement
» le bercail de J.-C. Arrachez aux *in partibus* ces mas-
» ques de dignité épiscopale, et n'accordez plus l'honneur
» de l'épiscopat sans en imposer les charges. Par-là,
» vous réchaufferez notre amour pour vous, etc., etc. [1] »

---

[1] Comme on pourrait se défier de la traduction que le révérend Basilidès a faite en grec, et moi d'après lui en français, de la Lettre du clergé
de France au pape, je dois en donner le texte même, tel qu'Alexandre VII l'a reçu.

Beatissime Pater,

*Ad sedem apostolicam, episcopalis dignitatis et honoris verticem et
apicem, accedimus, timorem aperturi nostrum ne inuratur ordini
apostolico pudendum dedecus, si ad dignitatum omnium apicem per
eos gradus ascenderentur, qui sic dispositi sunt ut ab eo præcipites
potius petitores dejecti semper fuerint, quod certè accideret si etc., etc.*

*Horum hominum nonnullos videmus ambire dignitatem episcopa-
lem, atque ut eorum cupiditas charitatem mentiatur, cum episcopatum
desiderant, bonum martyrii opus desiderare se profitentur, inter in-
fideles deposcendo illas ecclesias, in quibus effundendi pro Christo
sanguinis continua sit occasio, ad illas quamprimum se profecturos,
in illis recessuros perpetuò, cum se juramento astringunt, perjuria
parant, mox patraturi Miscere se nobis cogitant; et cùm ob sanctæ
sedis reverentiam, à quâ evecti sunt ad tam sublime fastigium, illis
humanitatis et charitatis officia reddimus, in superbiam efferuntur,
indulgent sibi, turpi quæstu victitant, hoc unum denique demonstrant,
quærisse se non ingressum in ecclesiam cui serviant, sed exitum à mo-
nasterio in quo non obediant.*

Et non peccant hi tantùm in episcopalem dignitatem, sed e clero

Je ne serais pas surpris que, dans l'ignorance où sont
empêtrés les défenseurs des *in partibus*, ils ne répli-
quassent, suivant la tactique jésuitique, que l'assemblée
qui parlait ainsi n'était guère composée que de jansénistes. Eh bien ! il n'y en eut peut-être jamais aucune où
le molinisme ait exercé plus d'empire, puisqu'elle fut
obligée d'accepter le fameux formulaire inventé dans le
salon du cardinal Mazarin, de demander au pape, par
une lettre du 2 septembre suivant, une bulle qui déci-
dât, avec le ton de l'infaillibilité, que les cinq propo-
sitions condamnées par son prédécesseur étaient réellement dans le livre de Jansénius. Mais le juste sentiment

*plurimi non minore ambitu turpem desidiam summo honori, molle
otium cum tam operosâ dignitate jungere satagentes, hujusmodi ecclesias petunt, auctos bonis temporalibus et redditibus ecclesiasticis se
jactant : ac veluti hoc unum fortunæ opus desideraretur ut titulares
fiant episcopi, et per Potentium nominum quibus se tegunt, extortam
importuné commendationem Sedi Apostolicæ se sistunt, variis artibus
humanis et præstigiis illam deludunt, expetitam exprimunt dignitatem
quâ potiri se putant cumulatè, si videantur ab hominibus, si dilatent
phylacteria sua, si magnificent fimbrias, si primos accubitus habeant
in cænis, primas cathedras in synagogis, salutationem in foro, et si
vocentur* Rabbi *ab hominibus, hoc est si auræ secularis et mundani
honoris aliquid cupido habitu impotenter hauriant.*

*Adversus hujusmodi homines præcecinisse prophetam putamus, dum
clamaret :* o Pastor et idolum ! *non tantum qui gregem dereliquit,
sed qui sine grege est, idoli aurei sub vano pietatis nomine hæc species
est pastoris ovibus destitui, hæc forma. hæc figura* · hæc idola ab
ecclesia expelle, *pastores operantes qui, sub te summo pastore,
ovile Christi regant constitue,* larvas dignitatis denuda, *nulli sine
onere honorem concede ; tuo nos amore fove, etc., etc. Datum Parisiis
die undecimâ maii, anno* 1656. Lud. Henric. de Gondrin, *arch.*
Præses. (Mémoires du clergé, Recueil de Lemerre, au tome II, p. 325
et suivantes.)

(*Note du drogman.*)

de la dignité épiscopale, tel qu'il avait existé dans tous
les évêques des beaux siècles de l'Église, vivait encore
dans la plupart des prélats de l'assemblée, avec et même
par la continuité de l'attachement de l'Eglise de France
à ces vénérables maximes de l'antiquité ecclésiastique
qu'on n'a appelées du nom spécial de *gallicanes*, que depuis que presque toutes les autres Églises latines les ont
sacrifiées à la cour de Rome. Si donc les évêques
de 1656 réprouvaient la monstrueuse innovation des *in
partibus*, c'est qu'ils restaient pénétrés de l'esprit des
temps apostoliques, c'est qu'ils étaient zélateurs de l'antique discipline, et, pour exprimer en un mot ces saintes
dispositions, c'est qu'ils étaient ce qu'on appelle aujourd'hui *gallicans*. Il en faut conclure que, si votre
clergé actuel accueille, estime et choie les *in partibus*; s'il voit sans inquiétude se multiplier parmi vous
ces espèces de nonces secondaires, mais permanens et
masqués de la cour de Rome; s'il s'est applaudi d'être
repétri et dirigé par l'un d'eux pendant nombre d'années;
il est aussi ultramontain que la cour de Rome, qui s'est
toujours bien gardée de faire droit aux réclamations gallicanes des évêques de 1656. Eh! comment pourrait-il
ne pas être ultramontain dans sa totalité, jusque dans
ses plus jeunes élèves, puisqu'il n'a eu que des séminaires jésuitiques ou jésuitisés; puisque depuis plus de
trois lustres on ne lui a fait donner par le roi que des
jésuitisés pour évêques; puisqu'enfin ils ont tous été
choisis d'abord par de grands-aumoniers que cent bulles
à priviléges rendaient nécessairement ultramontains, et
ensuite par l'*in partibus* d'Hermopolis, rendu plus puis-
sant en ultramontanisme au moyen des éminentes charges
d'apocrisiaire du palais des rois, et de grand-maître

absolu de l'instruction de toute la jeunesse du royaume ?

IX. Aussi n'ai-je point été surpris de ce qu'il y avait de frauduleux dans cette déclaration soi-disant gallicane, que le seigneur d'Hermopolis fit présenter au Roi, le 11 avril 1826, par quatorze prélats effectifs, mais bien notoirement ultramontains, afin de le tranquilliser sur son indépendance que la cérémonie toute récente de son sacre avait fortement compromise. Cette présentation n'était au fond qu'une imitation, en grande pompé rouge et violette, de la petite ruse que les Sulpiciens, avaient employée en 1705, pour calmer Louis XIV à qui l'on avait fait savoir qu'ils détournaient les nombreux élèves de leurs séminaires, de soutenir en thèses pour le baccalauréat les célèbres articles de la déclaration du clergé de 1682, comme ce monarque l'avait ordonné par son édit de la même époque. Le jésuite Lafiteau s'est réjoui dans sa toute mensongère *Histoire de là constitution* UNIGENITUS, de ce que les Sulpiciens se tirèrent d'embarras avec la supercherie de faire soutenir, tant bien que mal [1], un seul de ces articles, par l'abbé de Saint-Aignan, frère du duc de Beauvilliers, plus jésuite que saint Ignace, et celui des ministres du monarque septuagénaire qui avait le plus accaparé sa confiance. La ruse a même été plus raffinée dans la déclaration épiscopale de 1826; car, écartant soigneusement tout souvenir de la déclaration de 1682, elle s'est bornée à dire à Charles X que les quatorze évêques qui l'avaient signée, lui faisaient la grâce de renoncer, pour leur compte, en sa

---

[1] L'abbé La Mennais, que le parti ultramontain regarde comme son Démosthène, à eu naguère l'impudence de dire, dans son pamphlet contre le ministre de l'intérieur, M. Siméon, à propos de la pose de la première pierre du nouveau séminaire des Sulpiciens, « qu'il y avait vingt » manières d'enseigner les articles de 1682 ? »

faveur , au droit prétendu que l'épiscopat avait de lui ôter la couronne et le trône que croyait lui avoir donnés, dans la cérémonie du sacre, celui-là même qui lui présentait cette insidieuse déclaration. Sans être encore cardinal lors du sacre , il avait eu du pape l'ordre flatteur d'en revêtir les insignes , afin que la couronne et le trône parussent bien visiblement donnés au nom du pape. Les gens du monde qui assistèrent à la cérémonie, ne virent, en cela , qu'un accroissement de pompe , tandis que c'était une solennelle sanction des prétentions de Rome sur la couronne et le trône des rois. En suivant les formules de la cérémonie sur le petit livre où le prélat consécrateur les avait fait imprimer en latin et en français, les assistans ne lisant que la colonne française , ne s'aperçurent pas que, pour ne point les offusquer , le prélat y avait retranché ce qui, dans la colonne latine, exprimait le plus formellement l'usurpation pontificale, et ce qu'il prononçait en latin avec plus de complaisance. Telle était cette phrase incidente : « *Per traditionem nostram* , le trône que nous vous concédons [1]. » N'avait-il pas , après tout, la licence de la prononcer , puisqu'on lui avait permis de dire à Charles X, au nom des évêques : « C'est nous qui vous choisissons pour roi, » *Quem in hujus regni regem eligimus ;* et , en lui mettant la couronne sur la tête : « C'est de nos mains que vous la recevez, » *Accipe coronam… per manus nostras.*

Il est bien évident que votre épiscopat croyait avoir le droit que s'étaient arrogé , en 672 , ces évêques d'Es-

---

[1] Voyez à la page 90 du manuel intitulé : *Prières et cérémonies du sacre de S. M. Charles X, publiées par ordre de monseigneur l'archevêque de Reims. Paris,* 1825.

pagne qui élevèrent à la royauté le Visigoth Vamba, en introduisant, moins pour lui que pour eux dans le christianisme, ce sacre judaïque que dix-sept ou dix-huit siècles auparavant, Dieu, à la place de qui ils se mettaient, prescrivit seulement pour trois ou quatre Juifs élus par lui-même. Comme en vertu du droit que ces évêques ibériens croyaient avoir acquis sur Vamba, en l'élisant et le sacrant, ils le déposèrent neuf ans après, et délièrent ses sujets du serment d'obeissance et de fidélité, vos quatorze prélats de 1826 promettaient uniquement à votre Roi de renoncer, pour leur part, à l'exercice du droit d'en agir de même à son égard. C'est à cela que se réduisait leur déclaration ; et encore de tous les autres évêques de France, à qui le seigneur d'Hermopolis l'envoya pour qu'ils y adhérassent, il n'y en eut que trente qui consentirent à la signer, de sorte que, sur les quatre-vingts évêques ou archevêques du royaume, il en resta trente-six (sans compter les démissionnaires et les *in partibus*), qui prétendirent se maintenir dans le prétendu droit de régenter et de déposer Charles X, ou de le faire régenter et déposer par le pape.

X. Il y avait du moins de la bonne foi dans ce refus d'adhésion. Le seigneur d'Hermopolis leur en sut mauvais gré, parce que ce refus mettait à découvert la sycophanterie de la déclaration, qui, dès-lors, fut par cela même tout-à-fait décréditée. Ses auteurs, les quatorze premiers signataires, n'osèrent plus s'en prévaloir pour faire croire que le corps épiscopal était gallican. Celui des prélats refusans contre lequel ils murmurèrent avec plus d'injustice, était ce vicaire apostolique, cet agent immédiat de Rome, à qui, trois ans auparavant, les

deux faiseurs archi-jésuites [1] du grand-aumonier, lequel
était censé choisir les sujets pour l'épiscopat, avaient
fait livrer par commission romaine le siége primatial
des Gaules, et qui tenait si fort à y mettre en grande
prospérité les intérêts de Rome que, pour en être le commis dans le diocèse primatial, sous un mesquin titre d'*in
partibus*, il descendit d'un assez beau siége de France où
lui-même pouvait régner en pape. L'ultramontanisme
profitait ainsi merveilleusement de l'aversion politique
de la cour de France pour l'archevêque de ce diocèse à
qui elle ne permettait pas d'en approcher [2]; et lui-même

[1] L'un des deux abbés La Mennais et l'abbé Besson, qui devait à l'archevêque proscrit une bonne cure de Lyon Il profita de l'occasion pour s'ad-
juger l'évêché de Metz qu'il possède aujourd'hui.

(Note du drogman)

[2] Le ministère qu'on a depuis si justement et si solennellement qualifié
de *déplorable*, seconda de tous ses moyens cette manœuvre absolument
subversive des maximes gallicanes. Le ministre de l'intérieur, Corbière,
fit signer par Louis XVIII, le 28 janvier 1824, une ordonnance qui, di-
sait-elle, publiait (sans le publier en effet) un bref du 22 décembre
précédent, par lequel était conféré à M. Jean-Paul-Gaston de Pins,
évêque de Limoges, l'administration du diocèse de Lyon ; et, le 5 juin
1824, une seconde ordonnance qui publiait (de même, sans la publier),
une bulle du 5 des nones de mai précédent, portant institution du susdit
Gaston pour régir ce diocèse avec le titre d'archevêque *in partibus* d'A-
masie. Cette bulle était si entreprenante, qu'elle rég'ait d'avance ce que
Rome désirait qu'on fît après la mort du prélat d'Amasie, afin que rien de
ce qu'il aurait fait ou commencé pour elle, ne fût dérangé ni contrarié.
Le pape interdisait d'avance au chapitre l'exercice de nommer des grands-
vicaires capitulaires *sede vacante*, comme l'a réglé le concile de Trente;
et même à l'évêque d'Autun, premier suffragant, de jouir du droit par-
ticulier que lui donne l'antique usage de l'église de Lyon, de l'adminis-
trer alors au spirituel. C'était par les grands-vicaires même de l'*in partibus* d'Amasie défunt, que le pape voulait que la primatie des Gaules
fût gouvernée. Et c'était un ex-avocat, le ministre Corbière, qui contre-
signait ces ordonnances, lesquelles, rédigées par lui, finissaient dérisoire-
ment par l'absurde formule, relativement à l'acceptation du bref et de la
bulle : « Reçu sans approbation des clauses, ou expressions qui pourraient

devait trop aux prodigalités de celle de Rome envers les protecteurs des jésuites, pour réclamer en sa faveur les décisions du clergé de France qui, en 1656, maintinrent dans son droit de juridiction, comme archevêque de Paris, le fameux cardinal de Retz, malgré ses emprisonnemens et son exil.

Le prédominant *in partibus* d'Amasie ainsi constitué de fait, par détours industrieux, primat des Gaules, et de plus élevé nouvellement par la faction jésuitique [1] en qualité de véritable archevêque du royaume, à la haute dignité de la pairie, quoique le titre de son archiépiscopat le rende tout-à-fait étranger à la France; cet archevêque idéal, dis-je, forme avec ceux des évêques effectifs de France qui avaient commencé par l'*in partibus*, comme volans ou portatifs, un vigoureux nœud d'union ultramontaine entre les *in partibus* communs, c'est-à-dire sans diocèses, et les autres évêques qui, sans le véhicule de l'*in partibutisme*, ont été portés à leurs siéges par l'*in partibus* d'Hermopolis ou ses deux nobilissimes devanciers chargés de choisir des sujets pour l'épiscopat. On comprend que je parle ici des grands aumoniers dont la dignité, lors même qu'ils ne sont pas cardinaux, emporte la nécessité d'être acquis à la cour de Rome par

---

» être contraires à la Charte constitutionnelle, aux lois du royaume, aux » franchises, libertés et maximes de l'Eglise gallicane. »

(Note du drogman.)

[1] Tout le monde connaît l'influence sous laquelle fut faite la liste des soixante seize nouveaux pairs. La grande quantité de congréganistes jésuitiques qu'on y mit, décelait suffisamment cette influence. Elle eut part également à l'inscription d'autres nouveaux pairs qui n'étaient pas congréganistes. Je connais un noble de province qui n'y a été compris que parce que sa femme était accourue à Paris pour dire que, dans la ville de leur résidence maritale, elle était la présidente d'une congrégation du sacré-cœur.

(Note du drogman.)

les cent bulles à priviléges dont elle a doté leur éminente charge palatine. Est-ce donc là ce qu'on peut appeler un épiscopat gallican ; et le clergé de France qu'ils ont formé et dirigé peut-il être considéré comme celui d'une église gallicane ?

XI. Si la question n'était pas décidée par le bon sens et l'évidence, elle le serait par l'autorité de l'assemblée de 1756, et cela non-seulement dans sa lettre au pape contre l'*in-partibutisme*, auquel cependant votre clergé actuel doit plusieurs de ses chefs, mais encore dans la délibération que cette assemblée prit, vingt-trois jours après, contre les *in partibus*. Déjà Rome les employait clandestinement pour exploiter l'église de France. Par un bref envoyé à un pauvre récollet nouvellement transformé en un de ces larves épiscopaux, elle l'avait autorisé à juger une contestation des religieux de la *doctrine chrétienne*, et ces larves, enhardis par la confiance que Rome avait en eux, se croyant pour cela les égaux des évêques effectifs, prétendaient même siéger et délibérer avec eux dans les assemblées du clergé de France. « Halte-là, dirent à peu près les prélats de celle-ci ; les *in par-* » *tibus* sont en dehors de l'église gallicane ; et, s'ils pou- » vaient en faire partie, cette église ne serait plus gallicane. » Etrangers même à tout clergé quelconque, s'ils veulent » siéger et délibérer en évêques, qu'ils aillent chez les » Turcs, les Arabes, les Illinois, les Iroquois, les Hot- » tentots, que sais-je, chez tous ces peuples lointains » où Rome a pris les titres dont elle a paré leur chi- » mérique épiscopat. » . Il fut en effet unanimement résolu dans l'assemblée de 1656, « que les *in partibus* ne seraient point admis » aux assemblées des évêques de France, et que l'on fe- » rait à Rome les instances nécessaires afin que Sa Sainteté

» ne leur donnât point de commission à exécuter dans
» le royaume; que M. le chancelier serait prié de ne
» point donner de lettres patentes pour l'exécution des
» brefs adressés auxdits *in partibus*, et que lorsqu'il
» serait nécessaire de les entendre (comme supplians ou
» comme assignés à comparaître) dans les assemblées
» tant générales que particulières, on leur donnerait
» une place séparée de celle des évêques de France[1]. »
Ainsi donc, au temps où votre clergé était fidèle aux
anciens principes, ces *larvæ* épiscopales de Caryste, de
Numidie, de Samosate, de Tempé, d'Iméria, même
celle d'Amasie qui régit à l'ultramontaine la primatie des
Gaules et l'excellence, la grandeur fantasmagorique
d'Hermopolis qui pétrit et repétrit le clergé de France
sous le bon plaisir de Rome, eussent été consignées, pour
ainsi dire pieds et poings liés, à la porte des anciennes
assemblées épiscopales.

XII. Il n'y a jamais eu de troubles civils dans une
nation catholique, sans que Rome y ait toujours gagné
beaucoup de terrain; et il faut convenir qu'elle a bien
profité de la révolution de France pour y prendre sa re-
vanche de la ferme contenance que lui avaient opposée
les évêques gallicans. Après avoir en 1802 destitué, au
mépris de tous les canons, ce qui subsistait encore de
ces vénérables prélats, elle a, depuis 1824, par les me-
nées de l'ultramontanisme devenu très-puissant en
France, mis tout l'ordre ecclésiastique sous la main de
l'*in partibus* de la métropole du mahométan Méhémet-
Aly, dont le coadjuteur est cet Ibrahim-Pacha qu'au
grand chagrin de vos apostoliques, un amiral de religion

---

[1] *Recueil des actes, titres et mémoires concernant les affaires du clergé de France*, par Lemerre, à la page 331, du tome II. Paris, 1716.

grecque, de concert avec un amiral tolérantiste et un amiral anglican, a si rudement fustigé sur nos plages navarines. Il s'est opéré chez vous un *sens dessus dessous* qui ne ressemble pas mal à ces annuelles fêtes payennes que les Romains avaient empruntées aux Grecs du paganisme[1], à ces fêtes où les ilotes prenaient la place des maîtres et les maîtres celle des ilotes. Mais elles ne duraient que trois jours, et chez vous elles s'annoncent comme perpétuelles ; après quoi les *in partibus* qu'elles ont mis en si grand honneur durant leur vie, seront certainement, après leur mort, couronnés à tout jamais d'une de ces auréoles de béatification ou de canonisation que Rome décerne à tous ceux qui l'ont bien servie. Vos *in partibus*, surtout les plus éminens, sont bien sûrs qu'elle ne leur manquera pas. Les évêques effectifs, quelque ultramontaine que soit leur conduite, n'ont pas la même certitude parce qu'étant dans une situation qui peut, quand ils voudront, les soustraire à l'immédiate dépendance de la cour de Rome et les faire pirouetter par politique vers celle de France, ils sont assez suspects à la première pour qu'elle ne leur assure pas d'avance les honneurs de l'apothéose.

XIII. Il est donc plus que probable que vos *in partibus*, du moins ceux qui ne l'auront pas été de Tempé et de Paphos, seront béatifiés et même canonisés après leur mort. J'en suis ravi : c'est un grand surcroît de richesses pour ce qu'on appelle le *martyrologe*, quoique la plupart des saints qui y sont enregistrés n'aient pas été martyrs. Mais il me survient une petite inquiétude au sujet de vos *in partibus* à canoniser ; et mes confrères, les évêques grecs, se joignent à moi pour vous prier, très-féal drog-

<hr>

[1] Athénée, *Dipnosoph.*, 1 14 ; et Macrobe, *Saturn*, l. 1, c. 7.

man, de faire résoudre par ces *larvæ* épiscopales la question qui s'agite parmi nous, et la voici :

Comme Rome, pour justifier ses canonisations et béatifications, ne met pas dans le paradis un saint nouveau, sans le placer dans quelqu'une des catégories des bienheureux qui, depuis les premiers siècles de l'Église, entourent le trône de l'agneau sans tache et participent à son triomphe, nous demandons en laquelle de ces catégories seront mis par Rome, *exempli gratiâ*, le soi-disant évêque d'Hermopolis, et ce soi-disant archevêque d'Amasie, dont la banderolle flottante sur ses armoiries, dit à l'univers, tantôt qu'il est un de ces vaillans pourfendeurs de montagnes du huitième siècle, qu'a célébrées dans un si beau roman le moine Turpin, en un mot *l'un des neuf barons de Catalogne*, et tantôt que lui et ses ancêtres n'ont, sous le rapport de la noblesse, que Dieu au-dessus d'eux : *post dios pinos?* Pour généraliser la question, où mettra-t-on dans le ciel du calendrier, ou le calendrier du ciel romain, tous les *in partibus* si décidément canonisables?

Sera-ce parmi les apôtres? Mais quels sont les peuples infidèles qu'ils ont convertis et auxquels ils pourraient dire comme autrefois saint Paul aux Thessaloniciens : « Vous savez que nous voulions avec ardeur vous apporter l'Évangile de Dieu, et même vous donner jusqu'à notre propre vie [1]. » Rien ne peut les détacher de la profession de courtisans et des jouissances qu'on goûte si abondamment dans les nouvelles Babylones.

Ce serait encore moins parmi les martyrs qu'on pourrait les colloquer, parce qu'ils s'aiment trop pour venir s'exposer, comme nous, à périr pour la cause de Jésus-Christ.

[1] *Ad Thessalon.*, c. 2, v. 8.

Les mettrait-on dans la classe des pontifes ? Mais , puisque , suivant que l'assure saint Pierre , ce prince des pasteurs , « L'évêque, à l'apparition de Jésus-Christ, ne » recevra l'imarcessible couronne de gloire , qu'autant » qu'il aura bien fait paître le troupeau qui lui a été » confié [1] ; » l'*in partibus* serait jeté, je n'ose pas dire où, quoique Rome l'eût mis sur vos autels. Il est évêque sans vouloir être pasteur ; tient, brandit une houlette sans avoir de troupeau, et seulement *ad mimicam gesticulationem*, pour me servir de l'expression du payen Suétone, bien applicable à la circonstance.

Rome donnera-t-elle rang à l'*in partibus* parmi les saints docteurs ? Hélas ! quels tristes témoins des traditions apostoliques et de l'esprit de la primitive Église ! Quels écrits sont les leurs ? Que vous ont-ils appris ?

Ils ne pourraient pas mieux figurer parmi les saints moines , car ils ne doivent pas leur élévation à leur humilité et à leur désintéressement ; ils avaient et conservent des sentimens assurément bien contraires à ceux de l'abnégation monacale.

La classe des justes canonisés leur conviendrait-elle mieux dans leur apothéose ? Oh ! le public rirait , si l'Église allait chanter à leur louange :

> *Carnem terit jejunus ,*
> *Linguam domat silentio ,*
> *Etc., etc., etc.* [2]

Restent la classe des saintes vierges et celle des saintes femmes ; mais , quoique l'ingénuité de quelques-uns d'entre eux pourrait leur donner une apparence de droit

---

[1] 1. *Petri*, c. 5, v. 4.

[2] « Il macère sa chair par un jeûne continuel, et dompte sa langue » par un silence perpétuel. » (Hymne du commun des justes.)

à la première, et leur chaste célibat à la seconde, il serait aussi trop incongru de les intercaller parmi tant de personnages du sexe féminin, quelque inviolable qu'en soit la vertu. Le malin public dirait, pour le moins, que Rome expose à d'importunes distractions, et ces vierges qui doivent dire sans cesse : *Inveni quem diligit anima mea; tenui eum, nec dimittam* [1], et ces bienheureuses veuves, dont votre Église dit dans ses chants : *Thorus (illis) inter sponsas datur* [2].

De quelque manière que je tourne et retourne ce que, dans votre lithurgie, vous appelez le *commun des saints,* je ne trouve dans aucune de ses catégories aucune hymne qui convienne aux *in partibus.* Où donc les caser dans le ciel latin et dans vos dyptiques sacrés? Demandez-le au plus doctoral d'entre eux. Que si la commission que nous vous donnons vous rebutte, et même si ma lettre, dans son ensemble, vous est à charge, faites ce que le poete de Vénuse conseillait en semblable occurrence à son commissionnaire :

> *Si te forté meæ grava uret sarcina chartæ,*
> *Abjicito potius, quam quo proferre juberis*
> *Clitellas ferus impinguas.*

† BASILIDÈS, *évêque de Carystos.*

Février 1828.

---

[1] « J'ai trouvé l'époux que chérit mon ame ; je le tiens, et je ne m'en » détacherai pas. » (Office du commun des vierges; *Cantique des cantiques*, ch. III.)

[2] « Elles ont un lit parmi les épouses. » (Hymne du commun des saintes femmes.)